# IFLA図書館資料の予防的保存対策の原則

エドワード・P. アドコック編集
マリー＝テレーズ・バーラモフ，ヴィルジニー・クレンプ編集協力

木部徹監修　国立国会図書館翻訳

日本図書館協会

2003

# IFLA Principles for the Care and Handling of Library Material
(International Preservation Issues No. 1)

Compiled and edited by Edward P. Adcock
with the assistance of Marie-Térèse Varlamoff and Virginie Kremp

Original English language edition Copyright ©1998
by the International Federation of Library Associations and Institutions
Core Programme on Preservation and Conservation, and
Commission on Preservation and Access
A Program of the Council on Library and Information Resources

エドワード・P. アドコック
 Preservation and Conservation Department of the Bodleian Library, Oxford
 Editor of *Paper Conservation News*
マリー＝テレーズ・バーラモフ
 Director of the IFLA-PAC
 Chief Librarian at the Bibliothèque Nationale de France
ヴィルジニー・クレンプ
 Programme Officer of the IFLA-PAC
 Editor of *International Preservation News*

IFLA 図書館資料の予防的保存対策の原則　／　エドワード・P. アドコック編集, マリー＝テレーズ・バーラモフ, ヴィルジニー・クレンプ編集協力　；　木部徹監修, 国立国会図書館翻訳. － 東京：日本図書館協会, 2003. － 155p ； 21cm. － （シリーズ・本を残す；9）. － IFLA Principles for the Care and Handling of Library Material の翻訳. － 編集企画：日本図書館協会資料保存委員会. － ISBN4-8204-0310-9

t1. イフラ　トショカン　シリョウ　ノ　ヨボウテキ　ホゾン　タイサク　ノ　ゲンソク
a1. アドコック, エドワード・P.（Edward P. Adcock） a2. バーラモフ, マリー＝テレーズ（Marie-Térèse Varlamoff） s1. 資料保存　①014.6

## まえがき

　本書は，1998年にIFLA-PAC（国際図書館連盟資料保存コアプログラム）が発行した資料保存の原則 *IFLA Principles for the Care and Handling of Library Material* を邦訳したものです。

　この原則は，1986年にIFLA事務局が刊行した資料保存の原則 *Principles for the Preservation and Conservation of Library Materials*（邦訳は，日本図書館協会資料保存研究会（現資料保存委員会）訳・編『IFLA資料保存の原則』＜シリーズ本を残す①＞1987年）をふまえ，この間の資料保存をめぐる技術や考え方の進展と問題領域の拡大を反映させて新たに作成されたものです。すべての図書館職員を対象としていますが，特に資料保存の知識をほとんど，あるいはまったく持たない個人・機関に対して，図書館資料の予防的保存対策に関する一般的な指針を示すことを目的としています。日常業務の中で何を考えて何をすればよいかを具体的に提示するとともに，資料保存の基本的な知識がわかりやすく解説されており，我が国の図書館の現場においても，実務にすぐ役に立つ実用的な内容になっています。今回の日本語版の刊行により，我が国においてこの原則が広く活用され，資料保存に関する議論と活動が一層深まる契機となることを期待します。

　なお，本書の編集にあたり，日本語版読者への便宜を考えて原著を一部変更しました。以下に変更点を掲げます。
- ◆「編集後記」の中で紹介された基本文献については解題を補いました。
- ◆原書の「参考文献」の章については割愛し，かわりに日本語で書かれた論文・単行書からなる参考文献を作成しました。選択にあたっては，1990年以降に刊行されたものより，本書の補足あるいは内容の理解の助けとなる入門書・概説書を基準に精選しました。合わせて＜シリーズ本を残す＞と

＜資料保存シンポジウム講演集＞の一覧を掲載しました。
- ◆附属の「関係機関連絡先」については欧米の機関が中心であったため割愛し，かわりに国内の関係機関連絡先を掲載しました。
- ◆附属の「規格」についても割愛しました。ISO 9706-1994（情報・ドキュメンテーション―記録資料用紙― 耐久性のための要件）については『中性紙使用のお願い―本を未来に―』（国立国会図書館，2002年）をご参照ください。
- ◆囲み部分・図についてはレイアウトの都合から，各項目の終わりにまとめて掲載するように変更しました。
- ◆また文中で使用されている我が国では一般に馴染みのない用語の理解を助けるために，新しく図を作成して追加しました。

最後になりましたが，長期にわたる監修作業を快くお引き受けいただいた木部徹氏（有限会社資料保存器材）をはじめ，翻訳作業の中心を担っていただいた竹内秀樹氏（国立国会図書館），書誌作成作業の小林直子氏（国立国会図書館），および翻訳・編集作業にご協力をいただいた国立国会図書館の関係職員の皆様に厚く感謝を申し上げます。

日本図書館協会資料保存委員会委員長

荒 井 敏 行

# 翻訳刊行によせて

## 本書について

　本書は，*IFLA Principles for the Care and Handling of Library Material* (1998年刊行。以下，「1998年原則」) の日本語版である。原典は，1986年に刊行された *Principles for the Preservation and Conservation of Library Materials* (以下，「1986年原則」) の改訂版として刊行された。改訂版刊行直後から，国立国会図書館ではその翻訳に取り組んできたが，このたび，原典の日本語訳に，新たに作成した「参考文献」と「関連機関」を付して，日本図書館協会資料保存委員会が編集企画する＜シリーズ本を残す＞の一冊として刊行することになった。日本図書館協会をはじめ，翻訳刊行にご尽力いただいた関係者の皆様に心より御礼申し上げる。

## IFLA-PACの活動

　IFLAは1984年に，その優先的活動 (コア活動) の領域の一つとして，PAC (資料保存) を発足させ，1986年から本格的に活動を開始した。その目的は，あらゆる形態の図書館資料を可能な限り長期にわたって利用できる形で保存することである。IFLA-PACは，この目的を達成するために，文書遺産に責任のある政府関係者，図書館の管理者・スタッフ・利用者，これまでの出版物や新しい媒体の開発・生産に関係する人々に対して，資料保存の重要性を喚起すること，規格開発を促進すること，資料保存に関する情報を各国の言語に翻訳し利用可能にすること，研修を奨励すること等，多彩な活動を展開してきた。現在，フランス国立図書館に置かれた国際センターと世界各地の6つの地域センターが中心となり，IFLA-PACの活動を推進している。

　国立国会図書館は，1989年にIFLA-PACのアジア地域センターに指名され，保存情報サービスと教育・広報プログラムを柱とする「保存協力プログラム」

を策定して，1990年から，国内および国際的な保存協力活動に取り組んできた。今回の翻訳刊行は，IFLA-PACの活動の一環として，資料保存に関する考え方を，日本語で紹介し，普及させる目的で行うものである。

## 「1986年原則」から「1998年原則」へ

「1986年原則」の日本語訳は，「図書館資料の保存と保護のための原則」と題して，1987年刊行の＜シリーズ本を残す①＞『IFLA資料保存の原則』に収められている。これと比較して今回の改訂版の特色を紹介するとともに，前版刊行から改訂版刊行に至る10余年間の資料保存をめぐる状況や考え方の変化を概観したい。

改訂に際しては，簡潔な記述と重要なテーマに絞るとの方針がとられたとされているが，にもかかわらず，ページ数が3倍近くになっている（原典）。各項目の説明を増やしたこと，「1986年原則」刊行以降，最も進歩の著しいデジタル資料に関する記述を追加したこと，「1986年原則」では代替物（Substitutes）として取り上げられていた媒体変換（Reformatting）について，大幅に加筆し，あらためて代替物作成による内容保存と利用保証の重要性を記述したこと等が，その要因である。資料保存をめぐる状況の変化を端的に表わしているといえよう。

次に，両者の本文の構成を比較してみる。

| 「1986年原則」の構成 | 「1998年原則」の構成 |
| --- | --- |
| ・序論 | ・序文 |
|  | ・序論 |
| ・保存 | ・セキュリティと防災計画 |
|  | ・保存環境 |
| ・蔵書の保全 | ・伝統的な図書館資料 |
|  | ・写真およびフィルム媒体資料 |
| ・蔵書の利用 | ・音声・画像資料 |
| ・蔵書の劣化の要因 | ・媒体変換 |

「1998年原則」は，「1986年原則」における考え方，すなわち，劣化の要因を把握し，予防策を講じ，可能な限り長く図書館資料が利用できるようにすることが，今の図書館にとってできることであり，必須であるという立場を，より鮮明にしたものである。特に，「セキュリティと防災計画」と「保存環境」の二つの章に22ページ（原典）をさいたことからも窺えるように，保全のための計画と保存環境を重視している。また，保存の対象となる資料の媒体の多様化も，その構成に反映されている。

さらに，序論の内容を比べてみる。

| 「1986年原則」の序論 | 「1998年原則」の序論 |
| --- | --- |
| ・背景<br>・目標と定義<br>・保存の目標<br>・図書館の機能<br>・図書館の政策<br>・問題の規模の査定<br>・選択性<br>・図書館の他の機能との関係<br>・他の図書館との連携<br>・保存政策との関連<br>・訓練<br>・協力 | ・図書館資料の敵は？<br>・なぜ保存するのか？<br>・誰が責任を持つべきか？<br>・どこから始めればよいか？<br>・どのように始めればよいか？<br>・何を保存すべきか？<br>・図書館の財政にどのような影響があるか？<br>・なぜ協力が必要なのか？　また，誰と協力すべきか？ |

ここには，各図書館における資料保存の主体・目的・対象・方法を明確にし，限られた資源のなかでもっとも有効な保存活動を選択すべきであること，そして，保存協力の一層の重視，並びに考え方の整理が表現されている。

以下は細部にわたる事柄であるが，「第3章　保存環境」の「第1節　温度と相対湿度」の「5　望ましい温度と湿度」の記述は，この10余年間におけるIFLA-PACの活動の深化と広がりを実感させる。「1986年原則」では，「保存」の「温度と湿度」の項で，諸条件を勘案した上で，「妥協点を見出すと，一般的には書庫内温度は16〜21℃，相対湿度は40〜60％が望ましい」と述べられている。し

かし,「1998年原則」では,「もし,温度が20℃以上に上昇した場合は,湿度が望ましい水準を超えたり,低くなり過ぎたりすることがないようにすることが非常に重要である」と述べ,あえて理想的な温度と相対湿度の数字に触れていない(「第5章 写真およびフィルム媒体資料」では述べられているが)。「あらゆる種類の図書館資料に適した理想的なひとつの状態というものはない,ということである。資料やものの変化をできるだけ最小にする値と幅があるだけである」との記述は,一瞬のとまどいを感じさせるが,示唆に富んでいる。欧米の環境を基準とした資料保存の原則ではなく,地理的,経済的条件を加味しながら保存を進めることが重要で,各地の実状にあった資料保存対策が求められている,という背景を読み取ることができるのではないだろうか。

参考文献:安江明夫「改訂版『IFLA資料保存の原則』の特質と意義」(上記<シリーズ本を残す①>『IFLA資料保存の原則』所収)。この論文では,「1986年原則」の出発点となった「1979年原則」の改訂に際する議論の流れやIFLAにおける保存の枠組みの拡張が解説されており,より一層「1998年原則」の考え方を理解していただけると思う。

## むすびにかえて

わたしどもが「1998年原則」の翻訳に取り組んでいた4年間に,デジタル資料が加速度的に増加した。資料保存をめぐる喫緊の課題は,CD-ROMやDVD等のパッケージ系電子出版物ばかりでなく,オンラインのデジタル情報をどのように保存して後世に引き継いでいくかとなっている。それでも,なお日本の多くの図書館,文書館等にとって,蔵書の中で従来型の図書館資料が占める割合は大きいと思われる。本書に示された原則は,個々の図書館,文書館等における保存計画策定の際の拠所として役立てていただけるものと確信しているが,刊行までに時間がかかりすぎたという反省もある。タイムリーな情報提供に努めたい。

また,序論に述べられているように,資料の保存は,国全体で,さまざまな取組みを行うことによって初めて実現可能となる。すなわち,政府や,一般の人々の理解を得ること,全国規模の保存対策組織,さまざまなレベルで実施さ

れている保存プログラムの調整，図書館・文書館・博物館・美術館の連携協力等々である。本書が，こうした保存協力の考え方を共有し，保存協力を促進するよすがとなることを願っている。

　もとより，国立国会図書館は，今後とも，IFLA-PACの目的を達成するために保存協力プログラム推進の，文字どおり中心としての役割を果たしていく所存である。この場をお借りして，一層の御鞭撻と御支援をお願い申し上げる。

　　　　　　　　国立国会図書館収集部司書監・IFLA-PACアジア地域センター長
　　　　　　　　　　　　　　　　　　　　　　　　　村　山　隆　雄

# 目　次

まえがき　*3*
翻訳刊行によせて　*5*

序文 …………………………………………………………………*17*
第1章　序論 ………………………………………………………*23*
第2章　セキュリティと防災計画 ………………………………*33*
　第1節　セキュリティ　*33*
　　　1　建物とその周辺の安全確保　*33*
　　　2　犯罪や反社会的行為の防止　*34*
　　　3　閲覧スペースのセキュリティ　*34*
　　　4　図書館資料のセキュリティ　*35*
　　　5　非常時のための小冊子　*35*
　第2節　防災計画の立案　*35*
　　第1項　危険度評価　*37*
　　　1　館外における危険要因の確認　*37*
　　　2　館内における危険要因の確認　*38*
　　　3　現在講じている予防策の点検　*38*
　　第2項　予防　*39*
　　　1　火災報知設備　*39*
　　　2　手動式消火装置　*39*
　　　3　自動消火システム　*40*
　　　4　日常的な維持管理　*41*
　　第3項　備え　*41*

第4項　対処　43
　　　　1　水に濡れた資料の乾燥　43
　　　　2　空気乾燥　44
　　　第5項　復旧　44
**第3章　保存環境** ……………………………………46
　　相対湿度　46
　　第1節　温度と相対湿度　48
　　　　1　温度の影響　49
　　　　2　湿度の影響　50
　　　　3　温度と湿度の変化の影響　50
　　　　4　温度と湿度の測定と記録　51
　　　　5　望ましい温度と湿度　51
　　　　6　地域的な気候条件による湿度の影響　52
　　第2節　大気汚染と粒子状汚染物質　53
　　　　1　ガス状汚染物質　53
　　　　2　粒子状汚染物質　54
　　第3節　光　54
　　　　1　照明の種類　55
　　　　2　照度と紫外線の測定　56
　　　　3　望ましい照度　56
　　　　4　展示資料に対する照度　57
　　第4節　カビ　57
　　　　1　カビへの注意　57
　　　　2　被害資料のクリーニング　58
　　　　3　被害場所の処置　60
　　　　4　カビの発生防止　61
　　第5節　害虫と有害小動物　62
　　　　1　害虫　62

2　有害小動物　*62*

　　　3　被害資料の処置　*62*

　　　4　害虫と有害小動物の被害防止　*64*

　第6節　環境を改善する　*65*

　　　1　環境を改善する実際的な方法　*65*

　　　2　冷暖房空調システム（HVACシステム）　*67*

　　　3　清掃　*67*

第4章　伝統的な図書館資料　……………………………*69*

　第1節　資料整理時の留意点　*69*

　　　1　資料への書き込み　*69*

　　　2　書架番号（請求記号）　*69*

　　　3　蔵書票　*70*

　　　4　差込み　*70*

　　　5　留め具　*70*

　第2節　閲覧室での留意事項　*71*

　　　1　利用時に図書を支える　*71*

　　　2　利用者への注意事項　*72*

　　　3　利用者への支援　*73*

　　　4　コピー（電子式複写）　*75*

　第3節　保管方法と取り扱い　*76*

　　　1　書架と排架　*77*

　　　2　図書の持ち運びと搬送　*80*

　　　3　ブックトラックと図書　*80*

　第4節　図書とその他の紙資料のための保存容器　*81*

　　　1　図書用の保存容器　*82*

　　　2　保存容器に入れる図書の選択　*83*

　　　3　収縮包装と真空パック　*83*

　　　4　新聞用紙　*84*

5　雑誌とパンフレット　84
　　　　6　スクラップブックとエフェメラ　85
　　　　7　一枚もの資料　85
　　　　8　ファシクル　86
　　　　9　大きな一枚もの資料　87
　　　　10　大きな一枚もの資料の取り扱いと搬送　88
　　第5節　展示　89
第5章　写真およびフィルム媒体資料 …………………………91
　　第1節　写真　91
　　　　1　写真の構造　91
　　　　2　取り扱い　92
　　　　3　包材　92
　　　　4　望ましい保管環境　93
　　　　5　保管　94
　　第2節　フィルム媒体　96
　　　　1　セルロースナイトレート・ベースのフィルム　96
　　　　2　セルロースアセテート・ベースのフィルム　97
　　　　3　ポリエステル・ベースのフィルム　97
　　　　4　取り扱い　98
　　　　5　望ましい保管環境　98
　　　　6　分離保管　100
　　　　7　包材　100
　　　　8　一般的な保管　100
第6章　音声・画像資料 ……………………………………102
　　第1節　オーディオディスク　102
　　　　1　シェラックディスク　102
　　　　2　ビニルディスク　102
　　　　3　取り扱い　103

4　保管　*103*

　　　5　望ましい保管環境　*104*

　第2節　磁気媒体　*104*

　　　1　取り扱い　*105*

　　　2　利用　*106*

　　　3　バックアップおよび媒体変換　*107*

　　　4　マイグレーション　*108*

　　　5　保管　*108*

　　　6　望ましい保管環境　*109*

　第3節　光媒体　*109*

　　　1　レーザーディスク　*109*

　　　2　CD-ROM　*110*

　　　3　取り扱い　*111*

　　　4　ラベリング　*111*

　　　5　クリーニング　*111*

　　　6　保管　*111*

　　　7　望ましい保管環境　*112*

第7章　媒体変換　………………………………………*113*

　なぜ媒体変換するのか？　*113*

　原資料の損耗を減らす　*115*

　媒体を選択する　*115*

　第1節　コピー（電子式複写）　*115*

　　　1　長所　*116*

　　　2　短所　*116*

　　　3　コピー用紙，トナー，複写機　*117*

　第2節　マイクロ化　*118*

　　　1　マイクロ化の工程　*118*

　　　2　マイクロ撮影業者　*119*

　　　　3　長所　119
　　　　4　短所　120
　　　　5　マイクロフィルムの種類（感光材料の違いによる）　120
　　　　6　望ましい保管環境　121
　　第3節　デジタル化　123
　　　　1　デジタル化とは？　123
　　　　2　光学式文字認識（OCR）　123
　　　　3　長所　124
　　　　4　短所　124
　　　　5　陳腐化の問題　124
　　　　6　デジタル化とマイクロ化の組み合わせ　125
第8章　用語解説　……………………………………………126
第9章　参考文献　……………………………………………132
第10章　関連機関　……………………………………………144

索引　149

表紙デザイン■山田　邦夫

# 序文

## 背景

　IFLA(国際図書館連盟)にはさまざまな手段を通じ，図書館資料の保存管理に関する原則の承認と普及を奨励していく責務がある。

　「図書館における保存と修復の原則」は，*IFLA Journal* Vol.5 pp.292-300 (1979) に最初に発表された。[訳注1] これは IFLA 資料保存分科会の後援のもとジャンヌ＝マリー・デュローとデビッド・クレメンツによって改訂・拡充され，IFLA の *Professional Reports* No.8 として1986年に刊行された。[訳注2]

　1994年に，IFLA-PAC(国際図書館連盟資料保存コア・プログラム)は「1986年版原則」の改訂に向け，意見を集約するための調査を開始した。調査は，幅広い機関に所属する資料保存の専門家と団体(司書，アーキビスト，ICA(国際文書館評議会)，IFLA-PAC，IFLA 資料保存分科会など)を対象に行われた。

　「1986年版原則」の刊行以降，資料保存に関連するさまざまなテーマの論文や図書が数多く出版されてきた。これは現在における「資料保存」のさまざまなテーマを反映していると同時に，図書館界において「資料保存」がそれなりに市民権を得たことにもよる。とはいえ，今日でも世界には，蔵書の保存対策を実施する上での指針を必要とする図書館が存在している。そこで IFLA-PAC は「1986年版原則」の改訂に際し，次のような方針を定めた。すなわち，記述は簡潔にし，内容は各図書館が蔵書の予防的な保存対策を考える上で役に立つ重要なテーマに絞る。

　IFLA-PAC 国際センターは，CLIR(米国・図書館情報資源振興財団)，特にディアンナ・マーカム氏，ハンス・リューティマン氏，マクシーン・シッツ氏，キャスリン・スミス氏らの支援と助言およびこの出版物を我々に任せてくれたことに感謝を申し上げる。

「IFLA 図書館資料の予防的保存対策の原則」の原文である英語版は，CLIR 〈http://www.clir.org〉 または，IFLA 〈http://www.ifla.org/VI/4/pac.htm〉 のウェブサイトから入手できる。(訳注3) また IFLA では，必要な場合は更なる改訂版を刊行するつもりである。

## 目的

この冊子は，資料保存の知識がほとんどない，あるいはまったくないような個人や機関に向けた，図書館資料の予防的保存対策に関する一般的指針である。といっても詳細な方法や実際の作業手順を総覧するのではなく，図書館が蔵書の保存対策を考えるにあたり，責任ある態度をとるための助けとなる基本的知識が得られるものである。

蔵書へのさまざまな脅威はしばしば指摘される。しかし，これを無視した結果について，司書は十分に行き届く声で警告してこなかった。

「IFLA 図書館資料の予防的保存対策の原則」は，科学や技術の専門家とともに，こうした結果に向き合い，蔵書の未来のために建設的な方針を立てる図書館の責任の一助になることを目的に作成された。

この冊子の主な目的を次にあげる。
◆ 図書館資料が傷みやすいものであることを明らかにする。
◆ 図書館資料の長期耐久性，耐用性についての知識を深める。
◆ 適切な予防的保存対策を奨励する。
◆ 図書館職員に対し，資料保存問題解決の手助けをする。
◆ この問題について，管理責任者，施設管理者，保存部門の職員および他の図書館職員がなぜ相互に協力しなければならないのかを明らかにし，結果として蔵書保存に対し，すべての職員の関心が向かうようにする。

## 編集後記

　この「原則」一冊で，資料保存のさまざまな問題にこたえることはできない。このことはあらかじめ断っておきたい。そもそも「原則」自体が多くの参考資料をもとに作成された。うち一部分は参考文献の章に収録してある。<sup>(訳注4)</sup> また「原則」はこのように簡潔な内容であるから，図書館資料の予防的保存対策に関する多くの話題の導入部に触れるにすぎない。したがって，「もっと詳しく」と望まれる読者には，以下にあげるものから，まず取り組まれることを勧める。<sup>(訳注5)</sup> 以下の図書には，「原則」ではさわりしか述べることができなかった分野についても解題つきの書誌リストを収録している。

DePew, John N. *A Library, Media, and Archival Preservation Handbook.* Santa Barbara, CA: ABC-CLIO, 1991.
　　資料保存を考える上での基本的ハンドブック。紙の化学的・物理的性質をはじめ，環境管理，防災計画，資料の取り扱い，保存対策のための調査方法まで幅広く収録。図，表，グラフが多用されており，使用されている図表への索引もある。

Fox, Lisa L., Don K. Thompson, and Joan ten Hoor (eds. and comp.) *A Core Collection in Preservation.* Chicago: American Library Association, Association for Library Collections & Technical Services, 1993.
　　解題つきの書誌リスト。1988年に初版が刊行され，1993年のものは第2版。

Giovannini, Andrea. *De Tutela Librorum.* Geneva: Les Editions Institut d'Etudes Sociales, 1995.
　　1999年に第2版が刊行された。副題は「図書と文書資料の保存（*La conservation des livres et documents d'archives*）」。本文はフランス語とドイツ語の2か国語併記。

Harvey, D. Ross. *Preservation in Libraries – Principles, Strategies and Practices for Librarians.* London: Bowker-Saur, 1993.
　　資料保存対策は保存部門の専門家だけでなく，すべての図書館職員が関心を払うべき話題であり，同時に組織の管理者が責任を持つべき問題であるとい

う考え方に基づいて資料保存における各分野の考え方がまとめられている。主な対象は図書館職員。

Ogden, Sherelyn (ed.) *Preservation of Library and Archival Materials. Andover,* MA: Northeast Document Conservation Center, revised 1996.
　1999年刊行の第3版は，約400ページ，50種類のリーフレットからなる。保存計画から修復手順まで資料保存全般を対象とし，各リーフレットごとが，独立に使用できる。専門用語を使わずに書かれていることがひとつの特徴。ウェブ上でも公開されており，随時訂正されている。

Reed-Scott, Jutta, ed. *Preservation Planning Program.* Washington, DC: Association of Research Libraries, 1993.
　図書館の資料保存における主要7テーマを取り上げたシリーズ。論文・資料・書誌が収められ，各テーマごとに政策決定上必要な概念構成が得られるようになっている。1993年に改訂された *Preservation Planning Program: An Assisted Self-Study Manual for Libraries* との併用を目的としている。

Ritzenthaler, Mary Lynn. *Preserving Archives and Manuscripts.* Chicago: Society of American Archivists, 1993.
　同著者が1983年に刊行したものの改訂版。文書館を対象。文書館資料の特徴，環境管理，修復保存と保存計画の関係のほか，修復保存処置についても豊富な図を用いて解説されている。用語や道具についても解説あり。

　ところで，英語でのプリザベーション（preservation）という用語は，図書館における資料の保存対策を考える上で必要な管理や運営，財政，人事などのすべての方策を含むものと定義されている（「1986年版原則」を参照）。しかしながら，この冊子の中ではプリザベーションは「予防的保存対策」として，資料が化学的に劣化していくのを遅らせ，また物理的に損傷することから守るために行う適切なセキュリティ対策，環境管理，書庫管理，取り扱いを指すことにする。
　一方，図書館資料のコンサベーション（conservation）すなわち「修復保存」については，「原則」の中ではあえて取り上げなかった。「予防的な保存」対策のほとんどが，一般職員により行われるのに対し，「修復保存」対策は，適切な

道具や設備と知見を持つ，教育を受けた専門家のみにより行われるからである。「修復保存」はまた，手間とコストが非常にかかる作業である。このような作業を館内で行える機関は世界中にもほとんど存在しない。したがって，この冊子は多くの図書館が実行できるような，蔵書の劣化を防いだり遅らせたりする対策に的を絞った。

---

**訳注**

(1) "Principles of conservation and restoration in libraries". *IFLA Journal* Vol.5, pp.292-300, 1979.
　　日本語のものには，
　　全訳『コデックス通信』資料1（1986）
　　部分訳『ゆずり葉』第39号（1986）
　　　同『IFLA 資料保存の原則』日本図書館協会（1987）
　　　同 資料保存協議会・資料保存のためのデジタル図書館
　　　<http://www.con-con.org/conconlib/ifla01.htm>

(2) J. M. Dureau and D.W.G. Clements under the auspices of the Section on Conservation. *Principles for the Preservation and Conservation of Library Materials. (IFLA Professional Reports: 8)*. The Hague: IFLA Headquarters, 1986.
　　日本語のものには，
　　『IFLA 資料保存の原則』日本図書館協会（1987）

(3) 本文部分の邦訳は国立国会図書館のウェブサイト<http://www.ndl.go.jp>にも掲載している。

(4) 邦訳にあたっては，原文に掲載されていた参考文献を割愛し，国内で刊行された資料保存関係の図書・論文を「第9章　参考文献」として収録した。

(5) 日本語の解題は訳者側で補った。

# 第 1 章　序論

**図書館資料の敵は？**

- ◆ 資料そのものの性質
- ◆ 自然災害，人為災害
- ◆ 保管環境
- ◆ 資料の取り扱い方

　図書館の伝統的な蔵書（図書，文書，新聞等）は，紙や布，動物の皮，接着剤などさまざまな有機物からできている。これら有機物の自然劣化は絶えず進行しており，避けることはできない。資料を注意深く取り扱ったり，適切な保管環境を整えたりすることによって劣化を遅らせることはできるが，完全に食い止めることは不可能である。

　図書館資料の化学的・物理的な安定性は，資料そのものの物理的構造とともに，製紙などの際にどのような原材料を用いて，どのように加工したかにより決まる。

　大量生産社会へ移行したこの数世紀の間に，こうした図書館資料のものとしての品質は低下してしまった。1850年以降に製造された紙の多くは，強い酸性を示し，脆くなっており，いずれはぼろぼろと崩れてしまうだろう。製本の工程は自動化により簡略化され，現在では多くの図書の中身は接着剤だけで綴じられている。実際のところ，私たちの期待と裏腹にあらゆる図書がすぐに傷む。革製本のものなどは特にそうである。

　一方，マイクロフォームや光ディスク，磁気ディスク，デジタル・フォーマット，写真，音声・画像記録メディアなど現代の情報記録媒体はといえば，す

べて固有の保存上の問題をかかえている。注意深く保管し利用しなければ，遅かれ早かれこれらの情報も消滅してしまうだろう。

　大量の図書館資料がその寿命を全うしつつあることを受け入れるのは一般的には難しいだろう。だからこそわずかに残された命を永らえさせるためには，注意深く取り扱い，注意深く保管するしかないのである。

## なぜ保存するのか？

- 館種および館の利用形態に応じて，蔵書の保存ニーズは異なる。地域の公共図書館に求められる保存のあり方は，国立図書館に求められるそれとは明らかに違う。しかし，保存期間が数年か半永久的かは別にして，蔵書を常に利用できる状態にしておく義務を負っている点ではどの図書館も同じである。
- 所蔵資料を寿命が来る前に使い古してしまっては，図書館の財政はたちゆかない。また資料を買い換えることは，たとえ可能であっても，費用がかさむ。保存は経済的に理にかなった方策である。
- 将来，研究者がどの資料に関心を持つかを予想するのは難しい。それゆえ，現在ある蔵書を保存していくことが将来の利用者に奉仕する最善の方法である。
- 専門知識を持ち，責任ある立場にいる図書館職員が，自らの扱う資料の保存にかかわらねばならない。

## 誰が責任を持つべきか？

　すべての人が責任を負っている。資料保存の専門家が指導したり，専門家でなければできないこともあるが，蔵書を守り，利用可能な状態に保つことは図書館長をはじめ，あらゆる職員の責務である。管理職者から一般職員にいたるまですべての図書館職員が資料の保存方針を承認し，支持し，推進していかなければならない。

　図書館の運営管理責任者と施設の保全責任者は，蔵書の管理責任者と連絡を

取り合わねばならない。密接に連絡を取り合うことにより，例えば，次のような保存対策が実現できる。建物の照明用に新たに予算が組まれた場合，単に省電力仕様の照明を設置するだけではなく，その機会をいかして，蔵書の保護に必要な要件を満たした照明設備を設置する。配管工事を行う場合，関係者全員で協議し，資料を収蔵した区画には配管しないなど，蔵書への危険を小さくする方策を講ずる。このように，館内で十分に連絡を取り合うことが保存対策の鍵となる。

保存ニーズについても検討しなければならない。保存ニーズは，自らの組織がおかれた社会的，政治的状況に合うものでなければならない。また，組織の目的，収集方針，どれだけの人材や財源が活用できるのかといった点も考慮しなければならない。

保存方針は，以下にあげる事柄について各部署と検討した上で作成することになる。

- ◆参考図書のように頻繁に利用される資料は，もし買い換え費用が補修費用より安いならば，いつでも複本が購入できるよう，収集部門は準備をしておく。また，頻繁に利用される資料ならば，紙以外の記録形態（例えばマイクロフォームや電子出版物，そしてこれらを読むための機械）のほうが，複本よりも経済的で効率的でないかどうか検討しておく。
- ◆原資料でなく複製でもよいのはどのような資料か。また複製でよい場合は，どのような複製が最も適しているか。こうした方針を書誌作成部門と利用者サービス部門は申し合わせておく。
- ◆各部署は，収集にあたっては十分かつ環境の整った収蔵場所を合わせて計画する。
- ◆閲覧サービスを行う職員に原資料の閲覧と複写にかかわるすべての制限を知らせておく。
- ◆職員自身の安全および資料のセキュリティを確保する方法や資料の正しい取り扱い方法，またそれを利用者に効果的に伝える方法などについて，職

員が研修をできるように財源を確保する。
- ◆ 資料の展示方針を策定し，自館における展示や展示のための館外貸出において，資料が傷まないようにする。司書と修復保存部門の職員の間で，展示が資料に悪影響をあたえないか確認する。展示にあたっては，資料のために適当な支持台を使用し，セキュリティを確保し，適切な展示環境を整える。
- ◆ 資料保存や蔵書管理にかかわる職員は，経験の多寡にかかわらず，一定の技術的・科学的知識を身につけるだけでなく，蔵書の来歴や資料を構成している素材，資料に書かれている内容についても通じていることが望ましい。これにより，蔵書がかかえる保存問題をより深く理解することができる。司書やその他すべての図書館職員，図書館学を学ぶ学生は，図書館の機能や政策全体の中における資料保存の重要性を認識しなければならない。

> 傷んでいる資料を買い換える際は，補修したならば費用がどのくらいかかるかを考えて，適正な財源を配分すべきである。

## どこから始めればよいか？

　保存方針を策定していく過程のひとつに，どのような資料をどこまで収集し保存するかを明らかにすることがある。どの資料を収集・保存の対象として選択すべきかについて，あらゆる図書館にあてはまる一般的指針はない。図書館によって，またその図書館の政策によって異なる。とはいえ，国立図書館と地域の図書館は互いに協力し，何を保存し残していくかについて責任を分かち合わなければならない。

　蔵書の予防的保存対策を可能にするためには，施設や蔵書の状態，資料保存のために必要な要件が包括的かつ公正に評価・検討されなければならない。限られた予算と人員の中で蔵書を保存するためには，明確で合理的な理由に基づいた決定を下すことが重要である。そのような評価は図書館内で行うこともできるが，専門知識を有するコンサルタントに依頼することもできる。どちらに

も一長一短がある。コンサルタントの利用は高価で職員の時間も多くとられる。しかし，評価・検討の結果，図書館の実態が明白になるはずである。内部評価は安くあがるだろうが，職員の利害関係に影響を受けることがあるかもしれない。また，残念なことだが，一般的に内部よりも外部機関による勧告のほうが図書館内で受け入れられやすいという事情もある。

評価は，館長の了承のもとで，館内の全部署が協力して実施しなければならない。館内で公式に認知されていないと満足な効果が得られないだろう。最終報告書は「保存ニーズ」調査を成功に導くために極めて重要である。報告書は問題点を明確に指摘したものでなければならない。またその提案は現実的なものでなければならない。

## どのように始めればよいか？

施設と蔵書の実態調査を行うにあたっては，事前に目的を明確にしておくことが大切である。各種の方針や作業方法，手順の詳細は，これまでに発表された文献が参考になる。あらゆる部門の図書館職員へ聞き取り調査を行ったり，職員や利用者がどのように資料を扱っているかを観察したり，建物と蔵書の危険度評価を行ったりすれば，さらに有望な情報が得られるかもしれない。

図書館の蔵書全体，あるいは特定のコレクションにとって，何が重大でかつ差し迫った問題なのかを明確にすることが，資料保存を始めるにあたり，最も重要である。問題は個々の図書館によって異なるであろう。例えばある図書館では，煙・火災感知器の入れ替えが重要であるかもしれない。あるいは総合的害虫管理（IPM）のプログラム立ち上げが，または貴重な写真コレクションを環境の安定した場所に移動させることが重要であるかもしれない。

保存方針を策定するにあたっては，まず実態調査を行い基礎情報を集める。調査は包括的でなければならない。しかし，細か過ぎる必要はない。調査では得てして膨大な量の情報を収集しがちである。そうすると後になってデータを整理し分析することが極めて難しくなってしまう。簡潔な質問と回答の設定が調査を成功させる鍵である。以下に示す4項目に対する実態調査は，検討の基

礎情報を得るのに役立つ。また実態調査を企画する際に気を配るべき点については，次章以降でさまざまなアイディアが得られるであろう。

**調査項目**
**建物**
- ◆施設の設置場所に起因するセキュリティ上，環境上のあらゆる問題点を明らかにする。
- ◆建物の履歴と使用状況をまとめる。
- ◆建物内外の構造を確認する。

**防災**
- ◆建物と蔵書に潜在するリスクを把握する。――人為的要因によるリスク，自然的要因によるリスク
- ◆こうしたリスクに対して現在講じている予防策を点検する。
- ◆防災計画を検証する。

**保管環境**
- ◆蔵書を保存するためにどのような環境対策を講じているか，その長所と短所は何か，誰が責任者か，といった項目をまとめる。

**コレクション**
- ◆コレクションの現状を調査・確認し，今後問題になりそうな個所を明らかにする。各コレクションに含まれる資料の種類，数量，発行年を書き出し，蔵書の全体像を明らかにする。

　　（例：写真300枚，図書2,000冊，文書箱10メートル）

　　（例：1850年以前の図書1万冊，1850～1900年の図書2万冊，1900年以降の図書50万冊）

その他必要項目
- ◆蔵書の全体状況。
- ◆特に状態の悪いコレクション。
- ◆非常に貴重で重要なコレクション。
- ◆最も危険にさらされているコレクション。
- ◆コレクションの増加速度。
- ◆収集方針。
- ◆増えていくコレクションの収蔵場所。

　どの資料が頻繁に利用されているかを知ることは，特定のコレクションの保存ニーズをつかむのに役立つ。例えば，頻繁に利用請求があり，状態が悪い地域史の雑誌は，同じように状態はよくないがあまり利用されない雑誌よりも，マイクロ化の優先順位が高い，というように。

　次章以降で取り上げる項目についても報告書を作成する必要がある。例えば，蔵書のセキュリティ，資料の保管・取り扱い方法，書庫の環境，閲覧室の慣行，職員の研修や専門性のレベルなどである。

## 何を保存すべきか？

　保存ニーズの評価・検討が終わったら，次は出された勧告に優先順位をつける。限られた資源と問題の規模を勘案すると，次にあげる3つの項目からまず取り組む課題を決定すべきである。
- ◆建物の安全確保
- ◆環境管理の改善
- ◆蔵書の保管場所と取り扱い方法の改善

　課題の選択は政策の中に明確に位置づけて行う必要がある。これにより，将来の利用者に対する責任をきちんと果たすことができる。もちろん，どれかを選ぶということは，蔵書の保存へ向けた総合的な対策を否定するものではない。

保存容器に入れる，特定の環境のもとで保管するなどの特別な配慮をあらゆる資料が必要とするわけではない。しかし，人為災害，自然災害，窃盗，切取り，害虫，カビ，乱暴な取り扱いなどを防ぐ手段を講じることはどのような資料にも必要である。

一般に，媒体変換や保存容器へ入れるといった特定の手当てを必要とする資料は，常識に基づいて選択できる。状態が悪くかつ頻繁に利用される資料に何ら手当てを施していないにもかかわらず，状態がよくかつ利用頻度の低い資料を保存容器に入れるのは常識にかなっていない。また，他機関がすでに媒体変換した資料を改めて自館で媒体変換することも同様である。

## 図書館の財政にどのような影響があるか？

図書館が保有する情報量は，それらの管理を十全に行い有効に活用するために必要とされる人的，財政的資源量を常に凌駕している。このため，あらゆるものを保存し残すことは，これまでもできなかったし，これからも不可能である。半永久的に保存しようとするならば，施設整備や特別な保管環境，媒体変換などに対し，相当の財政支出が求められる。それゆえ，何を収集し何を保存するかの決定が必要となる。

どの図書館も，現在そして未来の利用者のために蔵書を利用可能な状態で保存する義務がある。しかし蔵書の管理と保存に，費用がかかることも否定できない事実である。これまであまりにも長い間，図書館はその予算の大部分を資料の収集に費やしてきた。大半の図書館では資料保存のための財源は皆無か，あったとしても不十分なものである。資料を補修したり買い換えたりするには相応の費用がかかるが，資料の劣化を防ぐことに時間と資源を費やせば，少ない予算でも効果をあげることができる。

災害の被害から資料を救助することは，人的，財政的観点から極めて高くつくことを考慮すれば，火災，洪水，窃盗，カビ，害虫被害への予防策は，どの図書館においても欠かせない。災害による被害はさまざまな影響を及ぼす。しかし，深刻な被害をもたらした災害の多くは，お金をほとんどかけずとも，未

然に防ぐことができたはずである。予防は治療よりも優れているだけでなく，非常に安上がりである。

図書館資料の保存に財政の追加支出は必ずしも必要でない。常識を働かせれば保存問題に対する経済的な解決策はいくらでもある。とはいえ，どの図書館でも，蔵書を保存し受け継いでいくことは資料収集と同様に重要な機能である。したがって，資料保存に相応の予算を配分すべきことは，理解しておかなければならない。

**なぜ協力が必要なのか？　また，誰と協力すべきか？**

司書が蔵書の保存に対する責任を自覚することが必要である。しかし，それだけでは十分ではない。一般の人々や財政当局の保存プログラムに対する理解を深めていくことも重要である。政府は，国の文化遺産を良好な状態で保存し継承していくために積極的な役割を果たさなければならない。全国規模の資料保存対策室を設置することも，国の記録された文化遺産をその媒体にかかわらず長期に保存・継承していくために欠かせない。全国資料保存対策室の財源は，国または民間，あるいは官民両方の資金援助を受ける。全国資料保存対策室は，すべての図書館とその関連機関が適切な保存方針を策定し適用するように奨励しなければならない。各図書館の求めに応じて，防災計画，複写，セキュリティなどについての文献を提供するのは非常に有益なサービスであるが，それだけでは十分とはいえない。実地研修や教育の機会も提供すべきである。

全国資料保存対策室は，保存政策を全国規模で調整し展開するのに適した機関でもある。出版物にパーマネントペーパー（耐久用紙）の使用義務を課するといった問題に対して，図書館界の利益を代表する役割を担うこともできる。学校や公共図書館で一般の人々に向けて，ポスターにより，図書館の資料に愛着をもち大切に取り扱うように訴えかけるキャンペーンを行うことも，全国資料保存対策室に期待される役割のひとつである。

国の文化遺産を長期に保存し継承していくためには，国，地域，協会，各図書館などさまざまなレベルで実施されている保存プログラムを調整していくこ

とが欠かせない。国家レベルで取り組むべき技術的・財政的問題を，個々の図書館や文書館が取り上げて首尾よく解決することを期待するのは現実的ではない。例えば，1996年にIFLAとICAは，JICPA（アフリカ地域における資料保存に関するIFLA・ICA共同委員会）を設置し，資料保存問題に対する意識の喚起や，アフリカ地域における資料保存活動の連絡調整を行っている。

　図書館は文書館だけではなく，博物館や美術館とも連携協力しなければならない。環境管理や建物・蔵書の点検・評価，防災計画の立案などさまざまな分野で，互いに相談し助言をあたえ合うことによって，労力や資金を大幅に節約できる。また協力により，別のところで同じことを最初から行う愚を避けることもできるだろう。

# 第2章　セキュリティと防災計画

## 第1節　セキュリティ

　図書館長は自ら率先して館内をとりまとめ，セキュリティ方針の策定を進める。方針の立案段階では，他の図書館や警察，そして職員とよく相談すべきである。

### 1　建物とその周辺の安全確保

- ◆図書館の構内とその周辺は常に整備しておく。
- ◆犯罪者が簡単に侵入できないかどうか，建物の外側を点検する。警報装置や監視カメラの設置を積極的に検討し，構内には外灯を十分に灯す。
- ◆ドアや窓から侵入されないように，鍵や窓ガラスに十分な注意を払う。例えば，セキュリティガラスを入れたり，ガラスにセキュリティフィルムを貼ることを検討する。
- ◆館内の整備に努める。これにより職員の注意と監視が行き届いている印象をあたえ，犯罪の芽を摘み取ることができる。
- ◆利用者用の出入口と職員用の出入口とは別々が望ましい。また，出入口には職員を常時配置する。
- ◆職員が使う部屋であっても，使用していない時は鍵をかけておく。
- ◆高価な備品は鎖やボルトで固定し，所属先を記載する。
- ◆請負業者には入・退館時に必ず受付で記名してもらい，通行証を常時携帯

してもらう。
- ◆職員はセキュリティの確保に常に注意を向けるようにする。
- ◆書庫スペースの整備に努める。誰がどの区画に立入りできるのかということについて明確な指針を作成する。
- ◆貴重書・稀覯書のセキュリティを確保するために貴重書室のような専用スペースを設ける。

> 建物点検の一環として、すべてのセキュリティ区域を書き出す。欠点が指摘された場合はできるだけ早い段階で解決しておく。

## 2　犯罪や反社会的行為の防止

　図書館内における犯罪や反社会的行為は、騒がしい利用者から確信的な窃盗犯まで多岐にわたる。職員、資料、備品、私物、あらゆるものが危険にさらされている。こうした犯罪や反社会的行為を防止するためには、次のようなことから始めるとよい。

- ◆館内での静寂と秩序を守る。
- ◆本当に読書をするために来た利用者にとっては使い勝手がよいが、悪質な利用者には居心地が悪く警戒心を抱かせるような環境をつくる。
- ◆「何をしてはいけないのか」をはっきり、わかりやすく掲示する。
- ◆迷惑な利用者やけんか腰の利用者、疑わしい行動をとる利用者への対処方法を職員に指導する。

## 3　閲覧スペースのセキュリティ

**検討項目**

- ◆綴じられていないバラバラの資料をどのように利用提供するか？　また返却の際、どのように点検するか？
- ◆閲覧スペースにおける監視は適切か？
- ◆セキュリティ機器は適切に配置されているか？

◆鞄類の持ち込みは許可されているか？　出口で確認されているか？

## 4　図書館資料のセキュリティ

　すべての図書館資料には一定の方法で蔵書印を捺し，その図書館の所有物であることがはっきりとわかるようにする。蔵書印のインクはすぐに乾き，滲まず，安定していて，消去できないものでなければならない。資料盗難防止システムがある場合は定期的に点検する。

## 5　非常時のための小冊子

　非常時の対処方法をまとめた小冊子は，全職員がすぐに使えるようにしておくと役立つ。小冊子には，即座にとるべき行動，担当責任者名，連絡方法のみを記載する。

**非常時の例**

　◆職員・利用者・来訪者の事故。

　◆破壊行為，窃盗，脅迫。

　◆停電，エレベーターの故障，すべての部屋の鍵をあけられるマスターキーの紛失。

　◆人・蔵書・建物の安全を脅かす非常事態。例えば，爆破予告。

　◆台風，地震，洪水警報。

# 第2節　防災計画の立案

　規模の大小を問わずあらゆる図書館において，災害に対し可能な限りの予防策を講じることが重要である。また，天災や人災へ的確に対処する手段を備えておくことも大切である。

自然災害：台風，洪水，地震，火山の噴火，砂嵐
人為災害：戦争・テロ行為，火災，水道管の破裂や屋根からの水漏れ，爆発

　災害の予防策を講じたり，災害復旧計画または資料救助計画を立案しようとする機関にとって役に立つ文献はすでに数多く出版されている。したがって，この冊子では基本的な点だけをあげる。どの図書館でも，この章で掲げる諸点を十分に盛り込んだ計画を必ず立案し，明文化しておくべきである。

　災害への備えは「段階的」に行うことができる（段階的アプローチは資料保存一般に用いることができる手法である）。まず手始めに，概略のみでもよいので，最も関心の高い部分から手をつけてみるとよい。それにより，次第に計画立案のノウハウが身につき，全体計画の作成に取りかかる余裕ができる。また，災害に備えてどのような体制を整えるべきかについて館内の合意をつくりあげていくこともできる。そして次の段階では，さらに内容を具体的に展開し，手をつけていない部分にも取りかかるとよい。

　防災計画は通常次の5段階からなる。
- ◆ 危険度評価
    建物や蔵書に対する危険の把握。
- ◆ 予防
    危険を取り除く，あるいは小さくするための対策。
- ◆ 備え
    災害への備え，災害時の対処，復旧計画の作成と明文化。
- ◆ 対処
    災害が発生した時にとるべき行動。
- ◆ 復旧
    被災場所や被災資料の状態を安定させ，再び利用できるようにするための処置。

> 防災計画は文章化し，すべての職員が理解しておく。また定期的に見直し，現場だけでなくすべての場所に備える。

# 第1項　危険度評価

　蔵書に問題を引き起こすかもしれない館内外のあらゆる危険を確認する。また，すでに行われている予防策の欠点を洗い出す。消防署に相談すれば，ただちに顕在化することはないものの，危険をもたらす恐れのある要因の発見に役立つであろう。

## 1　館外における危険要因の確認

- ◆蔵書がある地域の特性を確認する（住宅地域，工業地域，商業地域，農業地域，娯楽施設や保養施設のある地域）。
- ◆危険性をはらんだ産業施設や自然災害の恐れがある場所に，図書館が近接していないか（空港，鉄道／高速道路，海・池・河川，草地・森林，その他の施設）？
- ◆建物の外周はどのようになっているか（柵，門，川・池・海辺，暗がり，屋根の張出し，物陰）？
- ◆建物の周囲は安全か（定期的な巡回，適切な照明，入口での来館者の確認，職員用と来客・利用者用の入口の分離）？
- ◆工場や環境からの汚染物質（塵埃，汚染ガス）が問題になっていないか？
- ◆火災や洪水に対する建物の安全性はどうか？　近隣にその危険性はないか？　例えば，森林や河川などの自然的要因，または石油化学プラントなどの人為的要因はどうか？
- ◆過去5年間に大きな事件や災害が発生していないか（爆破・予告爆破，暴

動，騒乱，戦争，破壊行為，自然災害——洪水，地震，火災，砂塵嵐）？

2 　館内における危険要因の確認

- ◆建物に使用されている材料は何か？
- ◆建物の内外は耐火構造をとっているか？
- ◆建物を区切る防火壁や防火ドアはあるか？
- ◆蔵書の収蔵場所は配管や電気・機械設備（水道管，放熱器，空調，厨房，写真現像室）から十分に離れているか？
- ◆蔵書の収蔵場所は水漏れや洪水の被害を受ける危険はないか？
- ◆喫煙が認められているのはどこか？
- ◆図書以外の可燃物（例えば，写真現像室の化学薬品など）が館内に大量に置かれていないか？

3 　現在講じている予防策の点検

- ◆建物に煙火災感知器，または水漏れ感知器が設置されているか？
- ◆自動火災消火設備が導入されているか？
- ◆手動で操作する消火器具は，どのようなものを設置しているか（水消火器，泡消火器，二酸化炭素消火器，消火用ホースなど）？
- ◆火災感知器や消火設備を定期的に点検しているか？
- ◆建物に避雷針はあるか？
- ◆配線工事や改装工事など危険をともなう工事の際は，特別な予防策を講じているか？
- ◆建物のセキュリティシステムは（もし設置されているなら），警察署または消防署に接続しているか？
- ◆図書館に明文化された防災計画があるか？

　　防災計画に盛り込むべき事柄：非常時にとるべき行動，災害への対処方法の概略，非常時に必要な物品のリスト，復旧の優先順位，修復保存の専門家の連絡先，外部から入手する物品のリスト，職員ボランティアの

リストなど。
- ◆職員は非常時に対する訓練を行っているか（担当者の任命，定期的な訓練，避難訓練）？
- ◆コンピュータのデータは毎日バックアップを作成しているか？
- ◆電子化されていない目録や登録受入記録は複製を作成し，館外の別の場所に保管しているか？
- ◆電子化された目録や登録受入記録のバックアップデータを館外の別の場所に保管しているか？

## 第2項　予防

　危険性を把握したら，次には，建物と蔵書の安全を守るために必要にして十分な予防策を講じる。その際，救急機関（消防署，警察署，病院）などと相談するとよい。

### 1　火災報知設備

　館内の全域に煙火災感知器を設置する。火災を感知すると，煙火災感知器は建物内と最寄りの消防署に即座に警報を発する。煙感知器は，初期段階の火災を感知し，早期に警報を発することができるので，導入すればスプリンクラーが作動する前に，人手による消火作業が可能となる。
　建物内の人が火や煙を発見した際，すぐに警報を発することができるように，館内全域に手押し式の火災警報器を配置する。

### 2　手動式消火装置

　自動火災消火システムがない場合は，人手により消火活動をするために次のような設備を設置しなければならない。
- ◆消火ホースを最大限伸ばした時に，建物の全域が消火ホースのノズルから

6メートル以内におさまるように，消火ホースリール，または消火栓箱を設置する。
- ◆ 高さが30メートルを超える，または床面積が1,000平方メートルを超える建物には，消火栓あるいは給水管を設置する。
- ◆ 消防隊が建物の外部から加圧送水できるように，消火栓，給水管を設置する。
- ◆ 小型消火器はいつでも使えるようにしておく。自動消火システムを導入しても消火器は必要である。適当な数の小型消火器を要所要所に配置する。また，電気火災や化学火災など，想定される火災に応じて消火器の種類（二酸化炭素，水，泡）を選択する。

## 3　自動消火システム

自動消火システムは，その効果と欠点を把握した上で使用する。
- ◆ 二酸化炭素ガス消火設備は，気密性があり，常時人がいない小さな区画に限って有効である。
- ◆ 地球を保護しているオゾン層をハロンが破壊するため，ハロンガス消火設備はすでに製造が中止されている。
- ◆ 水を使う湿式スプリンクラーは信頼性が高く安全な消火設備で，維持管理が比較的簡単である。スプリンクラーは，一か所が作動すると，すべての個所で同時に作動すると思われがちであるが，そうではない。誤作動の危険性を過大に考えるべきではない。消火ホースの通常の水放出量が毎分540～1,125リットルであるのに対して，スプリンクラーの平均的な水放出量は毎分90リットルである。環境や人に対する水の安全性は知られているが，さまざまな化学薬品の影響はいまだに十分には突き止められていないことを考慮すべきだ。被水した資料を復元する周知の技術もある。
- ◆ 乾式スプリンクラーの基本的構造は湿式スプリンクラーと同じである。乾式スプリンクラーは，保護区画では，パイプの中に圧縮空気を入れている点が異なっている。スプリンクラーが起動すると，バルブが開きパイプの

中に水が流れる。これにより，蔵書を収蔵している区画に誤って水が漏れる危険性が小さくなっている。

◆ 現在，水噴霧消火設備が開発途上にある。その仕組みは少量の水に非常に高い圧力をかけ，霧状の水を放出するものである。この消火設備には，すばやく火勢をコントロールして冷却するという特徴がある。しかも水をほんのわずかしか使用しない。試験の結果，通常の消火作業につきものの過剰放水が避けられることがわかっている。その他，導入費用が小額ですむ，建物の外観への影響が小さい，環境にあたえる悪い影響が少ないなどの利点があると考えられている。

> スプリンクラーのような水を使う消火設備が導入されている場合は，排水・乾燥がすぐに行えるように備えておく。

## 4　日常的な維持管理

　火災報知設備，火災消火設備，建物の基礎構造，配管，電気，ガス供給設備やガス器具などは保守し，定期的に点検する。点検報告書の類はすべて保存し，保守作業の内容は文書に残す。

## 第3項　備え

　災害に対し次のような準備をして，定期点検をし，更新を行う。

◆ 建物の平面図。平面図には，書庫，窓，出入口，火災消火器，火災報知設備，スプリンクラー，煙火災感知器，水・ガス・空調のパイプ，エレベーター制御装置，配電盤，止水栓の場所を示す。

◆ 優先的に救助する資料のリスト。リストは各資料の所管部署が作成し，各々の部屋からどの資料を救助しなければならないかを示す。消防隊が建物内に入り，限られた時間の中で資料の救助を行う場合があるので，どの資料

を救助し，それがどこに排架されているのかをわかりやすく示すことが非常に重要である。
- ◆非常時対応チームの結成と訓練。対応チームには，図書館の近隣に居住する職員のボランティアも含まれる。非常時対応チームは被災場所から資料を運び出す訓練を行い，自信をもって救助対応の決定ができるようにしておく。非常時対応チームのメンバーは防災講習会に必ず参加しなければならない。防災講習会では，模擬災害を通じて各種の技術訓練ができる。
- ◆資料救助の指針。指針は資料救助の全過程を対象にした，手順を追った細部にわたるものが望ましい。その内容は起こりうるさまざまな災害(例えば，屋根や配管からの水漏れ，洪水，火災など)を想定し，図書館の蔵書に含まれるあらゆる媒体(図書と雑誌，手稿と記録史料，塗工紙でできた資料と非塗工紙でできた資料，録音資料，写真，電子媒体など)を対象とする。
- ◆復旧活動の指針。長期にわたる復旧活動を想定して，資料の同定，ラベル貼り，煙の臭いや煤の除去，クリーニング，並び替えと再排架，修復，再製本など，各作業の指針を定めておく。

被災資料が大量になる場合は，外部機関と協力，あるいは委託をして復旧活動を行う。このため，以下の点についてもあらかじめ想定して備える必要がある。(訳注6)
- ◆連絡が必要となる外部機関・業者のリスト，および非常時における責任者の氏名，住所，自宅と職場の電話番号の一覧。
- ◆被災資料の搬出前に，資料の記録をとって梱包するための場所。
- ◆仮排架を行う作業者用の場所と資材を置いておくための場所。
- ◆地域内にある冷凍設備を備えた施設との契約。
- ◆真空乾燥処置を行う機関との契約。
- ◆運送業者の手配。
- ◆運搬，クリーニング，並べ替えに必要な備品。

◆救助活動に必要な記録用紙。用紙は複数用意しておく。蔵書点検表，梱包リスト，注文書など。
◆財源の確保に役立つ情報。災害復旧活動に活用できる基金の内容，および基金への申請と承認の手続方法。
◆保険に関する情報。保険の適用範囲，請求の手続方法，記録の要件，被災場所へ立入る職員やボランティアへの制限，国や地方自治体からの災害復旧活動に対する支援情報。

## 第4項　対処

◆あらかじめ定められた非常時の対応手順に従い警報を発し，人を避難させ，被災場所から危険を取り除く。
◆災害対応チームの責任者に連絡をとり，災害の概要を伝え，災害対応チームに指示をあたえる。
◆立入りの許可がおりたら被災場所に戻り，被害の程度，今後の処置のために必要な設備・備品・人力を大まかに見積もる。
◆カビの発生を防ぐ必要があるならば，被災場所の環境を整える。
◆保険請求のために被災した資料の写真を撮る。
◆処置のための場所を設定する。冷凍処置をする資料の搬出に先立ち資料の記録をとって梱包する場所，少しだけ水で湿った資料を空気乾燥させる場所，簡易な手当てをする場所などを設定する。
◆水に濡れた資料を最も近い冷凍設備のある施設へ運びこむ。

### 1　水に濡れた資料の乾燥

　防災計画の準備の一環として，資料の種類に対応したさまざまな乾燥法をよく理解しておくことが非常に重要である。図書館における資料の乾燥には次のような方法があるが，それぞれに一長一短がある。

- ◆ 空気による乾燥
- ◆ 除湿器による乾燥
- ◆ 凍結乾燥
- ◆ 真空熱乾燥
- ◆ 真空凍結乾燥

重要な判断を下すのに，ある程度の時間が必要ならば，変形や生物被害を抑えるために，紙でできた資料は冷凍しておく。

## 2　空気乾燥

空気乾燥は湿った資料を乾燥させる最も単純な方法である。ただし，ひどく濡れてしまった資料には適用できない。

湿った図書は，地を下にして立て，ページを少し開いて弱い風をあてるとよい。場合によっては，吸取り紙をページの間にはさむ。この方法は効果的で，高価な設備や資材を必要としない（送風機と吸取り紙があればよい）。しかし，労働集約的で，時間がかかり，また紙の表面にゆがみが残ることが多い。

# 第5項　復旧

- ◆ どの資料から専門的な修復保存処置をするか，優先順位を決める。資料をクリーニングし修復するためにどの方法が最も適しているか，修復保存技術者と相談して決める。その際，費用も見積もってもらう。
- ◆ 被災資料の数が多い場合には，段階的保存プログラムを策定する。
- ◆ 被災資料を，廃棄するもの，取り替えるもの，再製本するもの，専門的な修復処置をするものとに分ける。
- ◆ 被災場所を清掃し，環境を整え，被災前の状態に戻す。
- ◆ 被災場所が回復したら，処置のすんだ資料を再排架する。

◆災害を振り返り，分析し，得られた経験を踏まえて防災計画を改善する。

　被災時に一時的な保管場所やその他のサービスを提供してもらえないかどうか自治体や議会に相談してみることも大切である。地域のほかの図書館，博物館，美術館などと協力できれば，時間，資金，資源の節約になる。

---

**訳注**
(6) この一文は訳者側で補った。

# 第3章　保存環境

　温度，湿度，光，大気汚染物質，塵埃などの粒子状の汚染物質はすべて，資料に劣化反応を引き起こす環境要因となる。それぞれがどのような化学的，物理的，生物学的反応を引き起こすかは，資料がどのような素材でできているかによって異なる。

## 相対湿度

　相対湿度は，ある空気の水蒸気圧と，その空気が同じ温度にある時の飽和水蒸気圧との比（百分率）で表される。相対湿度はわかりにくい概念である。以下にその考え方を説明する。

　相対湿度は，標準気圧下にある空気1 m$^3$に含まれる水分を抽出し，重さを量ることにより得られる。空気1 m$^3$あたりに含まれる水分量で表す（g/m$^3$）。

　図の湿り空気線図は，ある温度において，1 m$^3$の空気が含みうる水蒸気の最大値を示している。空気の温度が上がるにつれ，その空気が含みうる水蒸気の量も増えることがわかる。

　例えば，温度10℃において空気は水蒸気を9 gまでしか含むことができない。このように空気がその絶対湿度の最大値にある状態を飽和という。20℃での飽和点は17g/m$^3$である。

　したがって，もし閉じられた容器1 m$^3$の空気が温度20℃で，9 gの水蒸気を含んでいるなら，その絶対湿度は9 g/m$^3$となる。例えばここで3 gの水をその容器に加えたなら，加えられた水は蒸発し，容器内の空気の絶対湿度は12g/m$^3$に上がる。さらに8 gの水を容器内に加えたなら，5 gが蒸発し，3 gは液体の水として容器の底に残留する。なぜなら20℃における空気は水蒸気を17g/m$^3$までしか含むことができないからである。

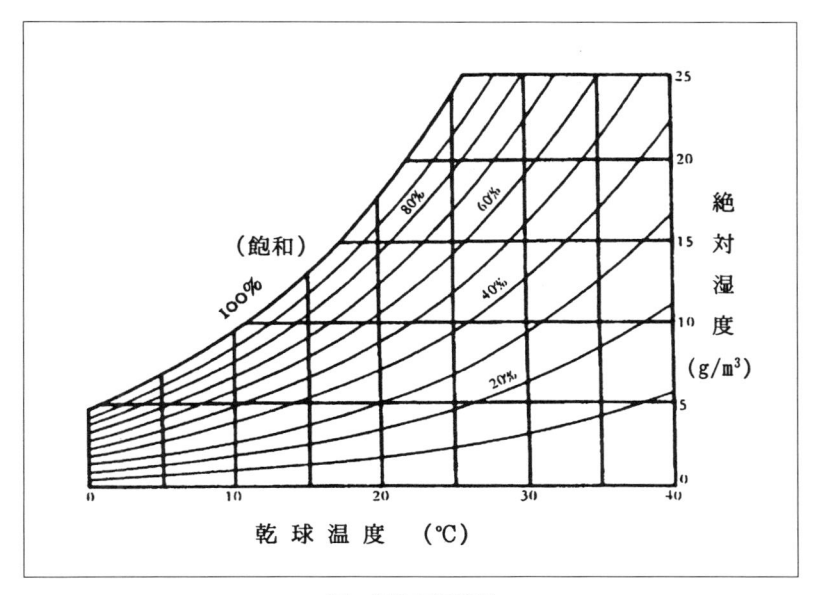

図　湿り空気線図

水蒸気9gを含んだ容器内の空気の相対湿度は次のようになる。

$$\frac{ある空気の絶対湿度}{ある空気の飽和状態における絶対湿度} = \frac{9}{17} = 0.53 \text{ または } 53\%$$

**相対湿度は温度により変化する。余分な水分が加えられない限り，温度が上昇するにつれその相対湿度は低下する。**

したがって，容器内の空気の温度が20℃から25℃に上昇するに従い，――湿り空気線図が示すように25℃における1 m³の空気は23gの水蒸気を含むことができる――その相対湿度は低下する。

$$\frac{9}{23} = 0.39 \text{ または } 39\%$$

　逆に温度が20℃から15℃に下がったなら，水分がまったく加えられなくても，その相対湿度は上昇する。なぜなら15℃において1 m³の空気は水蒸気を12.5gまでしか含むことができないからである。

$$\frac{9}{12.5} = 0.72 \text{ または } 72\%$$

　もし9℃まで冷やされたなら，空気中の水蒸気は飽和状態になり，相対湿度は100％となる。さらに温度が下げられたなら，容器内の壁には水滴が生じる。なぜなら，空気は水分を凝結させて放出せざるをえないからである。最初に結露が生じる温度を露点という。空気が飽和に達する温度でもある。
　冬季，室内の循環する空気は，冷たい窓ガラス付近では露点以下に冷やされる。窓ガラスに結露が生じるのはこのためである。

## 第1節　温度と相対湿度

　温度と湿度を考える時には，次に述べる点を常に頭に入れておく必要がある。

◆温度と湿度に関してまず最初に理解しておかなければならないことは，あらゆる種類の図書館資料に適した理想的なひとつの状態（あるひとつの温度と湿度）というものはない，ということである。資料やものの変化をできるだけ最小にする，ある値と幅があるだけである。ある資料にとっては問題がない温度または湿度が，ほかの資料にとっては危険であったりする。

例えば，写真フィルム，磁気レコード，電子資料の媒体は，媒体としての保存性を考えると，低温低湿が望ましい。一方，パーチメントやベラムを用いている資料がその柔軟性を保つには，相対湿度を50％以上に保つことが望ましい。

◆ 紙の化学的安定性と物理的形態を長期にわたり保持するには，常に低温低湿（温度10℃以下，相対湿度30〜40％）のもとに保管するのが望ましい。これは多くの科学的根拠が示す通りである。

◆ 図書の中身が紙でできていて表紙が革またはベラムで装丁されている図書は，低湿度のもとで保管するのがよいが，装丁自体は必然的に傷むことになる。なぜなら，通常，革やベラムがその機能性を保つためには少なくとも相対湿度50％以上が望ましいからである。そこで，各コレクションに最適な温度と湿度の範囲を決める場合には，

　　　　　化学的損傷　vs　物理的損傷
　　　　　　　　　または
　　　　　　　中身　vs　装丁

という観点から，慎重に検討しなければならない。

> あらゆる種類の図書館資料に適した理想的なひとつの状態（あるひとつの温度と湿度）というものはない。

## 1　温度の影響

◆ 一般に，温度が10℃上がるごとに，図書や雑誌，文書といったこれまでの図書館・文書館資料の化学的劣化の速度は2倍になるといわれている。逆に温度が10℃下がるごとに劣化速度は半分になる。

◆ 高温で低湿な状態は，次のようなものの乾燥と脆弱化を引き起こす。
　　――革，パーチメント，ベラム，紙，接着剤，オーディオカセットテープやビデオカセットテープのバインダーなど。

◆ 高温で高湿な状態は，カビの生育を促し，虫や有害小動物の温床となる。

- ◆低温（温度10℃以下）で高湿かつ空気の流れが悪い状態では，湿気が高くなり，ついにはカビが発生する。

> 温度や湿度が上がると有機物の化学反応は促進される。湿気は化学反応においては触媒となり，温度の上昇により反応速度も加速される。

## 2　湿度の影響

　有機物には吸湿性がある。周囲の湿度変化により資料は水を吸ったり，吐いたりする。その結果，資料そのものの含水率が変化し，資料が膨張または収縮する。

- ◆相対湿度55〜65％は，資料が柔軟性を保つことができる湿度範囲であり，物理的劣化が最も少なくてすむ。
- ◆常に相対湿度65％以上のもとに資料を長期間放置しておくと，資料（現代のものであれ，昔のものであれ）に使われている接着剤が軟化し，ついには接着力が失われてしまう。
- ◆70％以上だと，低温であっても生物被害の危険性が高くなる。空気の循環が乏しい場所では相対湿度60％を超えてはならない。空気の循環がよくてもカビを生やさないためには65％を超えてはならない。
- ◆低湿度(相対湿度40％以下)では，資料の化学的劣化は最小限に抑えられるが，収縮，硬化，ひび割れが起こり，資料が壊れやすくなる。

## 3　温度と湿度の変化の影響

- ◆これまで述べてきたように，室内の水分量が一定ならば，室温が急に下がると湿度が急激に上昇し，結露が生じる。場合によってはカビが発生したり，過剰な水分により別な問題が引き起こされたりする。
- ◆長時間かけてゆっくりと温湿度が変化すれば，資料が無理に膨張したり収縮したりしないため，資料への負担が少ない。
- ◆温湿度の変化が短時間に起こると，有機物でできた資料の寸法，物理的性

質に影響を及ぼし,劣化を引き起こす。
- ◆目に見える被害としてはインクの剥げ落ち,表紙の反り返り,写真の乳剤層のひび割れがある。

> 温度や湿度の激しい変動や変化の繰り返しは,資料が絶えず利用されることよりも,大きなダメージを資料にあたえるので避けなければならない。

## 4 温度と湿度の測定と記録

すべての場所の状態を温湿度記録計あるいは電子式の自記温湿計により測定し,記録する。温湿度計は信頼のおけるものを,定期的に調整して使用する。現在の環境を測定することは大変重要である。それによって,どのような環境管理が必要かを把握したり,使用している機器類が正しく作動し要求された状態をつくりだしているかを知ることができる。

測定機器が温湿度の著しい変化を示した時は,正しい処置が即座に取れるように責任者へ報告しなければならない。

## 5 望ましい温度と湿度

- ◆一般に,図書館資料を保管・利用する環境は,暑過ぎず寒過ぎず,湿度が高過ぎることも低過ぎることもないような安定した状態がよい。
- ◆「理想的」な温度と湿度の値を保つためにこれまで多くの試みが行われてきた。しかし現在では,特に大幅な温度変化がある地域において,莫大な費用をかけて建物や書庫内の温度を年間通して一定の状態に保つような方法は,現実的でないと考えられている。
- ◆もし温度が20℃以上に上昇した場合は,湿度が望ましい水準を超えたり,低くなり過ぎたりしないようにすることが非常に重要である。
- ◆建物内での室温は,座って作業を行う人間が心地よいと感じる程度の,大体20～22℃に保たれている。人間は温度変化には敏感であるが,湿度の変化にはそれほどでもない。一方,図書館資料はその逆である。

湿度を保つといっても常に妥協が必要であるし，またいくつかの要因に大きく左右される。
- ◆コレクションの素材が持つ性質
- ◆地域的な気候条件
- ◆環境を管理するための財源

これらを考慮すると以下の制限範囲が見えてくる。
- ◆資料が柔軟性を維持するのに必要な水準
- ◆資料の劣化速度を抑制したり，虫やカビの発生を抑えることができる水準
- ◆寒冷時に結露が生じ，建物に構造的損害をあたえないであろう水準

## 6　地域的な気候条件による湿度の影響

- ◆年間を通して湿度が相対湿度65％より下がることがない地域，あるいはより高湿度の期間が長い地域では，多額の費用をかけて一年中昼夜を通して空調整備を行わない限り，相対湿度を65％以下に保つことは現実的ではない。このような地域では，カビを発生させないように十分に空気を循環させることが不可欠である。
- ◆湿度がめったに相対湿度45％以上にならないような乾燥地域では，多額の費用がかからない限り，できるだけ40〜45％の間に調整すべきである。ここでも大切なのは，湿度の変動を避け，温度を下げることである。またパーチメントや革のような特別な素材は，相対湿度が45％以下に下がらないように調整した場所に保管しておく。
- ◆暖かい夏と寒い冬がある温暖な地域は，乾燥気候や湿潤気候の地域よりも湿度の調整がかえって難しい。夏の湿度は許容範囲であるが，冬にセントラルヒーティング設備を利用している場合，昼間は乾燥して暖かいが，暖房が止められる夜間には冷えて湿度が高くなる。このような湿度の変動は年間を通した一定の変動よりもかなり大きな損害を資料に及ぼす。
- ◆米国北部や，カナダ，欧州東部では結露を生じさせることなく相対湿度を

50%に保つことは大変難しい。ある施設では冬に向けてだんだんと室内の湿度を下げ，一方，夏に向けては上げることにより資料を季節ごとに順応させている。

> 書庫の温度が閲覧室の温度より極端に低い場合は，結露や変形を避けるために，資料をいったん中継室に放置し，新しい環境に慣らす必要がある。

## 第2節　大気汚染と粒子状汚染物質

　都市化や工業化により大気汚染が広がりつつあり，紙やその他の有機物の劣化原因のひとつとなっている。実際，大気汚染物質は，ガスから塵や埃のような粒子状のものまでさまざまである。

### 1　ガス状汚染物質

　ガス状汚染物質は燃料の燃焼によるものがほとんどである。二酸化硫黄，硫化水素，二酸化窒素は空気中の水分と結合して図書館資料に有害な酸を形成する。オゾンはあらゆる有機物に甚大な損害をあたえる強力な酸化物である。オゾンは自動車の排気ガスに含まれる二酸化窒素と太陽光により発生する。また複写機やエアコンに使用されている静電気フィルターからも発生する。

　喫煙，料理，化学的に不安定な物質（セルロースナイトレート・ベースフィルム，塗料，防火材，接着剤）から生じるガスもまた有害な汚染物質を生み出す。木材，とりわけオーク，カバ，ブナは酢酸やその他の酸を放出する。加硫ゴムは揮発性の硫化物を放出し，写真に対して特に悪影響を及ぼす。

　資料の保管，運搬，展示に使用されるすべての備品，材料，仕上げ材から有害なガスが排出される可能性がないか，その組成を確実な方法で確かめなければならない。

## 2　粒子状汚染物質

　煤，塵，埃のような粒子状の汚染物質は資料を磨耗させ，汚し，変質させる。塵や埃は図書館資料につくと空気中のガス状汚染物質を吸収し，有害な化学変化の土台となる。さらに粒子状汚染物質はカビの原因にもなる。磁気記録媒体や光記録媒体のような図書館の現代的資料は，塵や埃に対し大変敏感である。
　一般に埃は，人間の皮膚や，鉱物，植物，布繊維，産業排気ガス，指紋の脂，その他の有機物・無機物の混合物である。埃はしばしば，塩化ナトリウムのような塩類（潮風に含まれて，あるいは人間の皮膚片に付着して）や，鋭利なザラつきのある珪素化合物を含んでいる。こうした化合物には無数のカビや，埃の中の有機物（例えば指紋の脂は恰好の培養体といえる）を食物とする有機微生物の胞子が含まれている。埃の多くは吸湿性（親水性）なので，塩類による腐食，加水分解，酸の放出とともにカビの成長を促す。

## 第3節　光

　光はエネルギーであり，エネルギーは化学反応に必要なものである。あらゆる波長の光——可視光線，赤外線，紫外線——は有機物を酸化させ化学変化を促進する。高いエネルギーを持つ紫外線が最も有害である。しかしすべての光，特に大気汚染物質とともに存在する光は，セルロース，接着剤，布，革を傷め，脆くする。光はある種の紙の脱色を，また別種の紙では黄変，黒変を引き起こす。さらにインクや色材の退色や変色を引き起こし，文書，写真，美術作品，装丁の見栄えを悪くし，判読を難しくする。以下に述べるような，光が原因となる劣化に関する事項は，図書館資料の保存に責任あるすべての人が知っておくべき事柄である。

　◆光にさらされることにより引き起こされる化学変化は，光に照らすことを

やめても，また資料が暗い場所に移されても続く。
- 光による被害は不可逆的である。
- 光による影響は蓄積する。短時間強い光にさらされて受ける被害と長時間弱い光にさらされて受ける被害は同程度である。100ルクス（ルクス＝光測単位）の光を5時間あてるということは500ルクスの光を1時間あてたのと同じであり，50ルクスの光を10時間あてたのと同じである。
- 太陽や白熱電灯からの可視光線や赤外線は熱を生み出す。温度の上昇は化学変化を促進し，湿度にも影響をあたえる。
- 日中の太陽光線は紫外線を最も多く含むので，紫外線を除去する必要がある。

> 書庫，閲覧室，展示室における照度は，実際に可能な範囲内で，できるだけ低く抑える。

## 1　照明の種類

### 白熱灯

電灯としては最も一般的なものである。細いタングステンワイヤーフィラメントに電流が流れることで発光する。蛍光灯に比べると有害な紫外線を少量しか含まないが，赤外線を含むために熱を多量に発生する。またタングステン白熱灯は蛍光灯に比べて寿命が短く，交換頻度が高い。

### タングステンハロゲン灯

クォーツハロゲン灯あるいは単なるハロゲン灯として知られる。細いタングステンワイヤーフィラメントに電流が流れることによって発光するが，電球にハロゲンガスが充塡されているためにフィラメントが高温で発光し，白熱灯よりもより「白い」光が出て，効率もよい。寿命は白熱灯の3〜5倍あるが，紫外線も3〜5倍多く放射される。

## 蛍光灯

　低圧水銀を利用した放電灯である。放電により発生した電子が水銀原子にあたると紫外線が発生する。この紫外線が電灯管の内側に塗られた蛍光被膜にあたり，蛍光物質を次々に励起させ，可視光が放射される。さまざまな蛍光物質の利用によりいろいろな色の光がつくりだせる。蛍光灯は紫外線含有量は高いが，熱を多量に発生せず，低コストなため多くの図書館で使用されている。

> 蛍光灯には紫外線除去フィルターを取りつける。フィルターの有効期間は数年なので，定期的に点検する。

## 2　照度と紫外線の測定

　季節によって計測結果が異なるため，1年を通して違った時期に明るさと紫外線レベルを計測し記録する必要がある。

　照度計はルクス（ルーメン／平方メートル）という単位で可視光線の強さを測る。照度計が組み込まれたカメラを利用しても間接的に照度を測ることができる。

　紫外線測定器は紫外線（波長400ナノメートル未満）の量を，ルーメンあたりに何マイクロワットの紫外線が含まれるかという単位で測定する。

## 3　望ましい照度

　博物館，美術館，展示会場の照明は専門家によって設営されるのが普通である。図書館の閲覧室と書庫の照明も同様にすべきである。200～300ルクスが閲覧室で容認できる明るさの範囲だとしても，職員と研究者を満足させるこの明るさを自然光と人工照明によりつくりだすのは難しい。書庫は50～200ルクスで十分である。しかし，この程度の照度にするにはすべての自然光を遮断して人工照明に完全に頼らなければならない。

　1ルーメンあたり75マイクロワット以上の紫外線放射をともなう光源には紫外線除去フィルターが必要である。

## 4 展示資料に対する照度

展示資料の表面に降り注ぐ光の照度は低く抑えなければならない。

染色された紙，新聞紙，特定の装丁（例えば布地の表紙）や，手書き原稿や水性インクなどの，光に対して敏感な素材や色材を使用した資料は，50～70ルクス以下で1日あたり最長8時間，日数は最長でも60～90日間の展示が望ましい。

> 書庫の明かりは使われていない時は必ず消しておく。

# 第4節　カビ

空気中やものの上には，カビの原因となる菌の胞子が常に存在し，条件が整えば場所を問わず生育する。一般に，湿気があって（相対湿度65％以上），暗く，空気の流れが悪いところがカビの生育にとって理想的な環境である。温暖であることはカビの生育の一要因だが，カビやバクテリアの中には低温下でも繁殖するものがある（冷蔵庫の中でどのようなことが起こるかを考えてみるとよい）。

紙や写真資料は，カビによって脆くなったり，しみがついたり，変形したりする。一般に変色はカビが紙に含まれる微量元素に反応して生じるのではないかと考えられている。布，革，ベラム，そして一部の接着剤もまたカビの影響を受ける。

## 1　カビへの注意

♦ カビが生きているか死んでいるかは目で見て点検することができる。一般に，活性カビは湿ってヌルヌルし，触れると汚れるが，不活性カビは乾燥

して粉っぽく，柔らかいブラシでこすり落とすことができる。
- ◆ コレクションの中でカビが広範囲に発生しているのが発見されたら，その部分を即座に隔離し，菌の専門家に相談して有毒な菌が存在しないかどうか確認した後に除去する。図書館でよく見られるカビの中には，頭痛，吐き気，目や皮膚の炎症，呼吸困難といった深刻な健康被害をもたらすものがある。
- ◆ カビの被害を受けた資料を処置したり，被害を受けた場所を資料の収蔵に適した状態へ回復させるには，修復保存専門家に依頼するか，少なくとも修復保存専門家に相談し助言を得なければならない。
- ◆ 数点の資料が被害を受けただけであるなら，処置を施すまで，乾燥した紙製の箱に入れておく。できればシリカゲルのような乾燥剤を入れておく。こうした容器に入れることにより，カビの胞子が拡散するのを防ぐことができる。プラスチック容器のようなきっちりと密閉された環境のもとではカビの生育が促進されることがあるが，紙製の箱ではそうしたことも生じない。
- ◆ あるいは，被害を受けた資料を相対湿度45％以下の清潔な場所に移して他のコレクションから隔離し，乾燥させるのもよい。
- ◆ すぐに乾燥できない場合や多くの資料が濡れている場合には，まず資料を凍らせる。そうすれば，後に小分けにして解凍し，乾燥させ，クリーニングすることができる。または，凍結乾燥させた後にクリーニングしてもよい。
- ◆ 乾燥後の資料はクリーニングし，適切な環境下で保管する。たとえクリーニングした後であっても，菌が残っていることがあるため，保管環境を整えることは重要である。

## 2　被害資料のクリーニング

- ◆ カビの発生が小規模で，十分な処置用具が整っていない場合には，次のようにしてカビを除去する。穏やかに晴れた温暖な日に資料を建物から十分

に離れたところに持ち出し，柔らかな白いブラシを用いて，自分に降りかからないように風下に向けてカビを払い落とす。
◆0.3ミクロン以上の粒子の99.97パーセントを捕らえることができるHEPAフィルター（集塵効率の高い高性能フィルター）を装着した電気掃除機を用いてカビを除去する。通常の電気掃除機は，吸引力が強過ぎたり，中の紙パックが充満されるにつれて吸引効率が低下するなどの欠点がある。また，紙パックでは捕らえられない微粒子によって排気が汚染され，部屋中に粒子がばらまかれてしまうこともある。HEPAフィルターを装着した電気掃除機は，カビ胞子をまき散らすことがないため，カビ除去に効果的である。水を通して空気を濾過するタイプの電気掃除機は，カビの微粒子をつかまえるのには適していない。たとえ殺菌剤を水の中に入れておいても，それによってカビの粒子が空気中に排出されなくなるわけではない。

> カビの発生した資料を取り扱う時は，使い捨ての手袋と呼吸マスク，防御服をいつでも身につける。

処置を施すことで生きたカビを殺すことができても，比較的丈夫な細胞壁に守られた休止状態のカビ胞子にはほとんど効果がない。しかし，環境を適切に整えれば，不活性な菌はそのまま活動せず，また偶然に入り込んでくる生きた胞子も生育しない。一方，菌の活動に好ましい環境であれば，カビが発生する。たとえ一度は完全に根絶やしにすることが可能だとしても，環境管理を行わない限り，永続的な解決策にはならない。胞子が常に入り込んできて，早晩問題となろう。
◆屋外でカビを除去することが不可能ならば，扇風機をあてて，カビを含んだ空気を窓から吹き出すようにして作業するとよい。あるいは換気装置のもとで作業するのもよい。ただし，カビを捕捉するためにフィルターがついた換気装置を用いるようにする。また，カビの除去作業は，資料の収蔵場所や人から十分に離れたところで行うようにする。部屋は閉切る。建物

が全館空調を行っている場合には、通風孔をふさぎ、カビ胞子が空調システムを通じて建物内に広がらないようにする。掃除機の紙パックやフィルターのような清掃用具を処分する時も注意を要する。プラスチックの袋に入れ、しっかり封をして、建物の外に出す。

◆ 不活性なカビを紙や図書から取り除くには、多重フィルター付きの電気掃除機を使用する（前述参照）。この時コンピュータを掃除する際に使うような小さなブラシとノズルが役に立つ。一枚ものの紙資料に掃除機を用いる時は、資料の上にプラスチック製の網をかぶせて、周辺を重しで押さえて動かないようにし、網の上から掃除機をかける。図書の場合は掃除機のノズルの先にブラシを取り付けるとよい。ノズルやブラシを寒冷紗や目の細かい網で覆えば、分離した資料の破片を失わずにすむ。生きたカビは柔らかくつぶれて汚れになりやすい。また、紙や布のような多孔性の素材に対してはこすられて孔の中に入り込みやすいので留意する。

◆ 貴重資料から生きたカビを除去する時は、小型の低圧掃除機を利用する。細心の注意を要する作業なので、修復保存の専門家が行うのがよい。

◆ 成長しつつあるカビが美術作品や貴重資料に見てとれたら、修復保存専門家が除去する。カビのしみは除去できることが多い。また除去できなくとも、しみを薄くすることはできる。しかし、費用がかかる処置なので、対象は特別に貴重な資料になろう。

> カビの発生防止で最も重要なことは環境を管理することである。

## 3　被害場所の処置

◆ まずカビの発生原因をみつけることが重要である。

◆ カビが発生した部屋は乾燥させ、徹底的に清掃した後に、カビの被害を受けた資料を部屋に戻す。相当な範囲にわたってカビが発生した場合には、除湿乾燥や建物の清掃を行う専門業者に連絡する。

第3章　保存環境　*61*

- ◆ 相対湿度が55％以上なら，コレクションを戻す前に，湿度を下げなければならない。冷暖房空調システムを調整し，ポータブル除湿器を加えれば十分である。また，水漏れや外に面した壁の結露も点検する。菌が繁殖しやすい冷暖房システムあるいは空調システムの熱交換コイルは点検し，家庭用の消毒剤で掃除する。
- ◆ HEPAフィルター付きの掃除機で書架や床を掃除し，家庭用消毒剤で拭き取る。クリーニングした資料を戻す前に，数週間程度，相対湿度を監視し，55％を超えないことを確認する。
- ◆ 資料を戻した後も，新たなカビが発生していないか毎日点検する。

> 今日では，カビに対する燻蒸処理は勧められない。燻蒸剤は人体に有害だし，資料には燻蒸剤が残留する。また燻蒸処理によってもカビの再発生は防げない。

## 4　カビの発生防止

- ◆ 新たに受け入れるコレクションや送付されてきた資料は，カビが発生していないかどうか点検する。
- ◆ 適切な温湿度を維持する（温度20℃，相対湿度65％以下）。
- ◆ 空気を循環させる。
- ◆ 定期的に掃除機で清掃する。
- ◆ 外壁に直に接する場所には図書を排架しない。なぜなら，壁の内側と外側の温湿度の差により，壁面が湿っぽくなる場合がある。壁ぎわの空気を循環させれば，この湿気を気化させ，取り除くことができる。
- ◆ 建物の中に植物を入れてはいけない。
- ◆ 地下の床と壁は防水仕様にする。
- ◆ 雨どいや排水管を設置して，外壁のそばに水がたまるのを防ぐ。雨どいや排水管が詰まらないように定期的に点検する。
- ◆ 芝生への散水用スプリンクラーは，水で外壁が濡れないように配置する。

♦ コレクションにカビが発生していないかどうか定期的に点検し，被害が深刻になる前に発見するようにする。

## 第5節　害虫と有害小動物

### 1　害虫

　世界中の図書館・文書館に被害をあたえている最も一般的な害虫は，ゴキブリ，シミ（紙魚），チャタテムシ，シバンムシ，シロアリである。
- ♦ 紙，糊，膠，ゼラチン状のサイズ剤，革，布などの有機物を餌とする。鳥の巣も害虫にとっては格好の餌の源であり，鳥の糞には腐食性がある。
- ♦ 害虫は，温暖で暗く，湿潤，不潔で通気性の悪い場所を好む。
- ♦ 害虫による被害は不可逆的であることが多い。例えば，虫食いによって失われたテキストや画像，また紙や写真の穴は復元できない。
- ♦ シロアリは建物やコレクションを壊滅させてしまうことがある。

### 2　有害小動物

　ネズミなどの齧歯（げっし）類動物はコレクションを破壊してしまうことがある。
- ♦ 図書を破壊して，紙を巣づくりに使うことがある。
- ♦ 絶縁線をかじって火災を引き起こすことがある。
- ♦ 歯で図書館の家具備品類を傷つけることがある。
- ♦ 糞には腐食性があり，また，しみとなって跡が残る場合がある。

### 3　被害資料の処置

- ♦ より毒性が低い処置法が別にないかどうか常に考える。例えば，ひと箱程

度の量の図書がシミの被害を受けた時には，化学的な処置を行わず，電気掃除機と柔らかいブラシを使って手でクリーニングすればよい。害虫が活動しているかどうかわからなければ，資料をクリーニングし，袋に密封し，害虫の新しい活動の痕跡がないかどうか時間をおいて確かめる。新規受入資料や害虫被害を受けている可能性がある資料は，コレクションから必ず隔離する。

◆ 毒性が最も低い処置方法は環境に対し悪い影響が少ないだけでなく，多くの資料群にとって，信頼できる唯一の処置方法でもある。
 - たいていの燻蒸剤は，少なくとも数種類の物質に対して，その長期保存に悪影響を及ぼすと考えられている。
 - あらゆる資料群に対して安全とされている燻蒸剤はない。水やオイルをベースにしたスプレーの使用により，損傷を受ける資料がある。
 - 燻蒸しても，燻蒸後に生じる害虫被害を防ぐことができるわけではない。

◆ 処置後には，新たな被害がもたらされることのないように，防止策を講じることが重要である。例えば，新規受入コレクション（＝害虫被害を受けている可能性があるコレクション）は既存の蔵書とは分離する。特に害虫の活動痕があるコレクションは完全に隔離し，クリーニングする。また，保管環境を整える。

殺虫のための化学的な燻蒸処理の替わりに，低温処理を選択する機関がある。温度を－35℃以下に急速に低下させ，数日間その状態を維持することにより，どの生育段階にあるどの昆虫であっても，たいてい殺虫することができる。害虫管理に適した業務用冷凍庫もあるが，中には十分な速度で温度を下げられないものもある。温度の低下が緩慢である場合には，「仮死」に似た状態になって生き延びる昆虫がある。当然のことながら，資料が低温により損傷することがないように留意し，また，結露に注意することも大切である。

## 4　害虫と有害小動物の被害防止

　現在では，あらゆる資料保存プログラムにおいて，総合的害虫管理（IPM）を取り入れる必要があると理解されるようになっている。総合的害虫管理プログラムとは，具体的には次のようなものである。

- ◆建物内に害虫や有害小動物がいないかどうか，定期的に観察する。
- ◆清掃員から司書にいたるまですべての職員が，真新しい害虫被害痕や害虫の活動痕に注意を向け，発見したら報告するようにする。
- ◆新規受入資料はどれも図書館内に入れる前に点検する。
- ◆粘着性のトラップ（わな）を用いる。このトラップには，次のような利点がある。昆虫が人の目に触れる前に捕獲することができ，しかも広範囲の昆虫を捕獲する。人の目で点検することが難しいところにも仕掛けることができる。トラップに捕まった昆虫の種類と数を確認できる。トラップは，その設置区画における昆虫数の増加を示すよい指標となり，環境管理の失敗を浮き彫りにしてくれる。
- ◆生物学や虫・小動物の生態への理解を深めれば，害虫や有害小動物がいつどこで繁殖するのか，何を食べるのか，どこに住み着くのかといったことを推測するのに役立つ。
- ◆被害のもととなりそうなものはすべて取り除くか，抑制する。――理想的には，構内で飲食をせず，建物内に植物を入れないことが望ましい。
- ◆清潔で，涼しく，乾燥しており，通気性のよい環境を維持し，害虫や有害小動物を導き入れない。
- ◆害虫や有害小動物が建物内に入らないようにする。――ドアはきっちりと閉め，窓やドアには網戸を取りつける。
- ◆外灯には，ナトリウム灯などの，虫を寄せ付けないものを使用する。
- ◆清掃衛生プログラムを導入する。――ゴミは安全，適切に処分する。屋根裏部屋や地下室は定期的に点検し，清掃する。

## 第 6 節　環境を改善する

　あるコレクションまたはある特定の個別の資料を半永久的に維持するためには，そうした資料が保管されている場所の環境に細心の注意を払う必要がある。理想的な環境を整えるには，温湿度を管理し，きれいな空気を十分に循環させ，光源を管理し，生物が侵入できないようにすることが必要である。また，きちんとした清掃を行い，セキュリティ管理をし，火災，水害，その他の災害から資料を守る対策をとることが重要である。

　図書館の建物は，資料保存という観点から必要なことにも，可能な限り配慮して設計すべきである。「資料保存」への配慮は，設計の多くの面に影響をあたえる。例えば，建物のデザインや配置，建材（外部環境によっては，適切な建材を利用すれば，空調システムを使用するよりも，むしろ十分な内部環境を実現できる），内装や仕上げに使われる材料，書架や照明器具を含む家具類に使われる自然の，あるいは人工の材料などに配慮する。

　亜熱帯や熱帯の地域においては，その土地固有の，もしくは伝統的な建築方法や建材のほうが，輸入されたものよりも，図書館資料にとってよりよい書庫環境を生み出している場合がよくある。

　厳しい温湿度管理を必要とする資料に適した密閉できる部屋を施設内に設けることを考慮したい。

### 1　環境を改善する実際的な方法

　多くの場所に冷暖房空調システムを導入し，維持管理していくことはあまりに費用がかかり難しいかもしれない。場合によっては特定のコレクションにのみ限定して導入せざるをえないだろう。とはいえ，図書館の環境を改善し，資料を守るための初歩的な方法や予防策はほかにも数多くある。

環境を改善するにあたり，まず取り組むべきことは建物の密閉性である。これだけで，外気の侵入や害虫の出入り，加熱時や冷却時の損失熱，ガス状あるいは粒子状の汚染物質を減らすことになり，建物内の物理的状態が改善できる。また建物の防水性を高めれば，構造として湿気のもとが減り，湿度が著しく低下するだろう。

- 隙間をシール材でふさぐことで建物の防水性を高める。
- 窓やドアの立て付けがしっかりとしているか確認する。
- 送風機や窓を適切に利用し，空気が十分に循環しているか確認する。
- 除湿器や加湿器により，湿度を調整する。
- 断熱材を利用して，余分な熱の出入りを減らす。
- 窓や蛍光灯には紫外線除去フィルターを取りつける。
- ロールスクリーンやブラインド，シャッター（シャッターは太陽熱を吸収してくれるので，できたら窓の外側に取りつける），厚めのカーテンなどにより直射日光を防止する。
- 書庫や書架のある場所は暗所になっているかどうか確認する。
- 雨季には，湿気が入らないように建物をきちんと点検する。
- 重要で価値のある図書館資料を保護するには，資料にぴったり合った保存容器（箱や封筒）を使用する。保存容器は資料のまわりに小さな環境をつくりだし，温度や湿度の変化による影響を緩やかにする。また資料への光を遮断し，大気汚染物質に対する緩衝物となり，粒子状汚染物質の沈着も防ぐことができる。
- 熱帯地域では，建物の外側は光を反射しやすい淡い色のペンキで塗装する。
- 建物周辺の樹木や植物は熱がたまるのを防いでくれるが，害虫や有害な小動物の活動を促す。
- 配管や暖房用のパイプは蔵書スペース内を避けて，スペースの外を通るように配置する。
- トイレや流しは蔵書スペース内を避けて，スペースの外に配置する。

## 2 冷暖房空調システム（HVACシステム）

　館内に冷暖房空調システムが導入されている場合は，環境管理のために次のような調査項目を確認する必要がある。

- ◆ システムは年間を通して環境が一定の状態になるように制御しているか？
- ◆ システムは1日24時間を通して一定の状態を保つよう制御しているか？
- ◆ システムはいつでも設定を変更したり，停止したりできるか？
- ◆ システムの温度と相対湿度はそれぞれ何℃，何％に設定されているか？
- ◆ 施設内に温湿度の監視装置が設置されているか？
- ◆ もしシステムがまったく使えない，あるいは部分的に使えない場合は，どのように部屋の温度を調整するのか？
- ◆ もし空調システムがまったく使えない，あるいは部分的に使えない場合は，どのように部屋の湿度を調整するのか？
- ◆ どのような種類のエアーフィルターが使われているのか？
- ◆ 誰がシステムを整備・点検するのか？　またどれくらいの頻度で行うのか？

## 3 清掃

　煤塵などの粒子状汚染物質から資料を保護するためには，定期的で継続性のある清掃プログラムを，監督者のもとで注意深く実行する。清潔な環境はまた，カビや虫，有害な小動物の発生をも妨ぐ。清掃プログラムには，生物的，化学的劣化を早期に発見するためだけでなく，資料の置かれている場所全体の状況を把握するためにも，資料の点検を盛り込むべきである。

　書庫の床や書架の清掃は，蔵書に十分配慮し，資料や書架には触れないという指示のもとなら，専門の職員以外に任せてもよい。図書からはずれたページや記録片が床に落ちていた場合は，どこの床に落ちていたかをわかるようにしておくことを含め，どのように対応するのか指示しておく。書架にある図書館資料の清掃は，適当な訓練を受けた職員だけが行う。

　汚れや埃をきちんと取り除くことができる適切な用具を使うことが重要であ

る。用具が不適切だと汚れや埃をまき散らすだけである。書架や机用の清掃布は，微粒子を付着させるタイプのものを選ぶ。そうしないと，微粒子を別の場所に広げるだけになる。床は掃くのではなく掃除機などで吸引清掃し，濡れたモップで拭く。週に1回清掃する。洗浄剤は毒性がなく，資料に悪い影響をあたえる揮発性ガスや研磨剤が入っていないものを選ぶ。油や塩素，硫酸アルミニウム，過酸化物，アンモニアを含んだ製品の使用は避ける。

# 第4章　伝統的な図書館資料

## 第1節　資料整理時の留意点

### 1　資料への書き込み

　目録情報や注記を資料に直接記入する必要がある場合は，柔らかい芯の鉛筆（硬度B）を用い，凹んだ跡がつかないように軽く，またできるだけ簡潔かつ目立たないように書き込む。図書館が書き加えた情報だとわかるように書き込みは[　]で囲んで示しておくとよい。

　インクによる書き込み（そしてインクによって偶然ついてしまったしみ）は，ほとんどの場合，永久的に残ってしまい消すことができない。また多くのインクは酸性であり，水溶性のものは水害などで濡れると流れたり滲んだりする。

### 2　書架番号（請求記号）

　書架番号等を直接，図書に書き込むことも，接着テープや悪い影響をあたえる接着剤のついたラベル用紙にタイピングして資料に貼ることも避けるべきである。塗料による書き込みは見栄えが悪く，外観を台無しにしてしまう。テープや接着剤は，変色やしみ，あるいは別の劣化原因となる。貴重資料の場合，書架番号は最初の遊び紙に柔らかい芯の鉛筆で書き込む。

　接着剤付きのラベル用紙を使う場合は接着力が長期に持続するか確認する。接着剤が乾いて接着力がなくなりラベルがめくれたりはがれ落ちたりしないか，

接着剤がしみ出してきてべとつき，ホコリを付着させ，すぐ隣の資料の劣化原因にならないか，特に注意したい。ラベルはパーマネントペーパーで作るのが理想的である。

### 3　蔵書票

　蔵書票が必要な場合は，リグニンの含有量が低くてアルカリ緩衝剤を含んだ紙で作成し，安定的で可逆性のある接着剤を使って貼り込む。接着剤は米や小麦の澱粉糊製またはメチルセルロースが好ましい。あるいはポリエステルフィルムでジャケットカバーを作り，そこに蔵書票を貼ってもよい。同じようにして，貸出カード用のポケットを取りつけることができる。なお貴重書は通常貸出をしてはならない。

### 4　差込み

　しおり，切抜き，押し花といった，酸性の差込まれているものはすべて取り出し，必要なものかを判断し，記録し，コピーをとる。保存しておくものと判断した場合は，ポリエステルフィルムに入れて封入をする（エンキャプシュレーション）。これにより，差込みが原因でしみができたり，酸がページに移行して劣化を引き起こしたりするのを防止する。

### 5　留め具

　糊や膠で線状あるいは点状に固定されている資料を引き剝がさない。資料を利用したりマイクロ化するためにこれを分離しなければならない場合は，修復保存専門家に相談する。

　古くなったホッチキスの針やゼムクリップといった留め具を除去する場合は細心の注意を払う。サビていたり，紙の表面に固着していたりするので，資料を傷めないようにそっと持ち上げて除去する。紙と接触しているゼムクリップ等の腐食部分を壊しておいてから留め具を除去するようにする。除去する時は，留め具のついている資料をきちんと机の上に置き，片方の手で資料が動かない

第 4 章　伝統的な図書館資料　71

ようにしっかりと押さえる。机に置かずに片方の手で資料を持ったまま，もう片方の手で留め具を外したりすると，資料が破れて傷むこともある。

　ホッチキス針を外すリムーバーを壊れやすい資料や劣化した資料に対して使ってはならない。金具周辺の脆くなっている資料部分を傷める恐れがある。

> 接着テープやホッチキス，ピン，ゼムクリップ，輪ゴムはどのような図書館資料に対しても使用すべきでない。資料は無酸の箱に入れるか，無酸紙で包む。あるいは無染色の綿や麻，ポリエステルでできた平紐で縛る。結び目は天または前小口につくる。

## 第 2 節　閲覧室での留意事項

　閲覧室には十分な数の職員を配置して，窃盗，資料の切取り，公共物の破壊行為を防ぐ。

### 1　利用時に図書を支える

　図書は複雑な部分から構成されており，その開き方はさまざまで，開いた時の支え方も多様である。水平に180度開いても傷まないような図書はほとんどない。通常の図書を開く場合は120度以下，堅く製本されている場合は90度以下とすることを強く推奨する。考えられているよりもはるかに，図書のつくりは壊れやすく脆いので，取り扱いに十分注意をする。(例えば革製本のものは，)表紙が本体と連結している部分が非常に薄い革でできており大変壊れやすい。このような図書を利用する場合は必ずきちんと支えをして，表紙が中身に対して180度ひっくり返らないようにする。

　従来型の木製の朗読台や書見台は，図書を急な角度に置いて利用するため，綴じや表紙と本体の接合部に無理がかかる。このため，やがて接合部が弱り，最後には破断してしまう。また，このような書見台は利用者にも使いにくい。

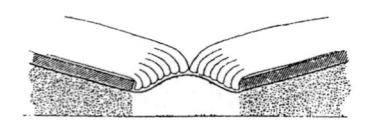

タイトバック　表紙と中身の背が密着している。

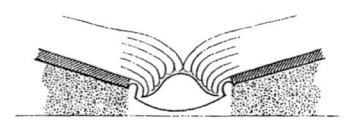

ホローバック　表紙の背が中身の背と離れる。

平らな机の上でホローバックの図書を開かないこと。接合部に沿って裂けたり，背の真中が裂ける原因となる。

ページの始まりの部分で開いた図書

中央部分で開いた図書

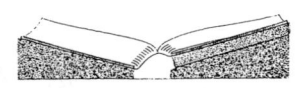

終わり部分で開いた図書

壊れやすく貴重な図書には，クリストファー・クラークソン氏が考案した，発泡プラスチック製支持台（ブック・サポート・システム）を利用するのがよいだろう。図書の背がタイトバックでもホローバックでも最適な支えを提供する。図書は読書に適したななめ20度の角度で支持台の上に置かれる。置かれた図書は120度より開かないようになっている。接合部がきちんと支えられ，布でくるんだ細長い重しでページを押さえておくことができる。ブロックを調整することにより，読み進んでいっても，壊れやすい接合部に最適な支えが維持できる。厚い図書の場合も，平らなパッドを付け加えたり，取り去ったりして開く場所により生じる高低差を調整できる。図書を置く台の基礎をつくり，かつより快適な読書角度をつくるために，大きな三角柱を両袖の下においてもよい。

## 2　利用者への注意事項

閲覧室には利用者がしてはいけない事柄をはっきりと示す。
　◆決められた場所を除いて，館内では飲食や喫煙をしない。
　◆汚れた手で資料に触れない。

ブック・サポート・システム（支持台）

- どのような種類であってもインクペンを使わない。
- 修正液や蛍光ペンを使わない。
- 資料に書き込みをしたり，開いたページの上で書き物をしない。
- 資料の上に肘をつかない。
- 彩色部分や挿絵，手稿や印刷物の文字部分に触らない。
- のどに紙切れやメモ用紙を差込まない。
- 資料に直射日光をあてない。
- 利用していない資料を放置しない。
- 調べものをする場合も，限られた点数以上の資料を一度に持ち出さない。
- 資料を積み重ねて山にしない。
- 綴じられていない資料の束をきちんと収めるために袋の中で混ぜない。一枚一枚取り扱う（気付かないうちに縁の切れた部分がひっかかり，資料がさらに破れる危険を避ける）。

## 3　利用者への支援

閲覧室には利用者のために次のようなものを準備しておく。
- 図書館資料を大切にしようと呼びかける案内
- 図書館資料の取り扱い指針

図書の各部分名称

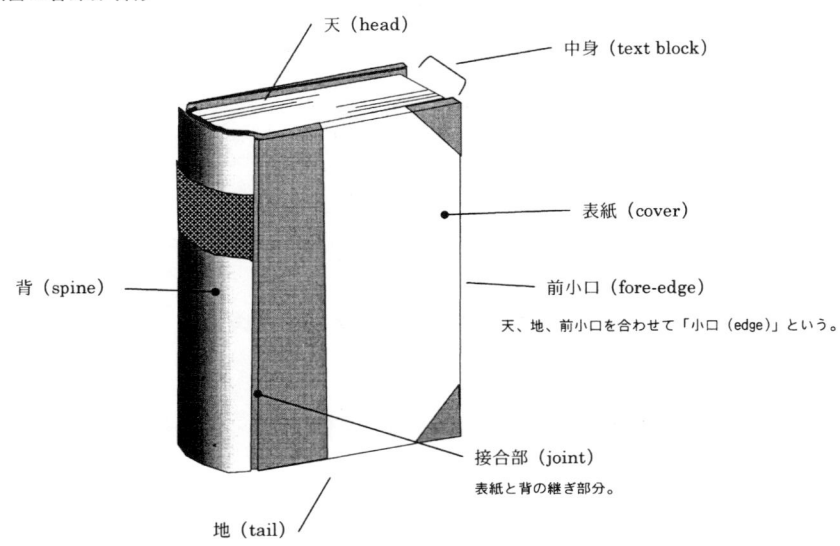

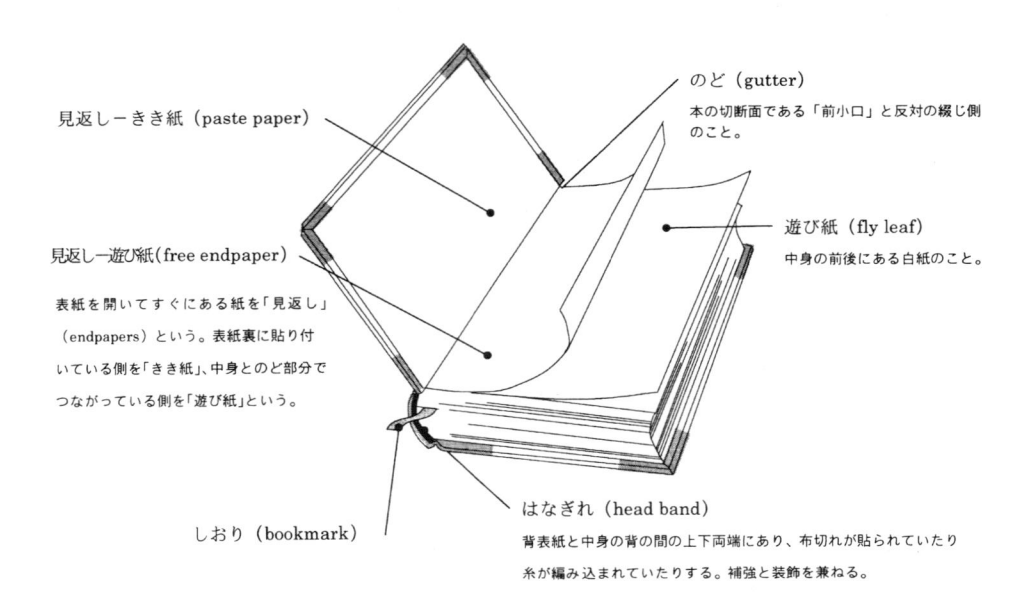

- 天 (head)
- 中身 (text block)
- 表紙 (cover)
- 前小口 (fore-edge)
  天、地、前小口を合わせて「小口 (edge)」という。
- 背 (spine)
- 接合部 (joint)
  表紙と背の継ぎ部分。
- 地 (tail)

- のど (gutter)
  本の切断面である「前小口」と反対の綴じ側のこと。
- 見返し—きき紙 (paste paper)
- 遊び紙 (fly leaf)
  中身の前後にある白紙のこと。
- 見返し—遊び紙 (free endpaper)
  表紙を開いてすぐにある紙を「見返し」(endpapers) という。表紙裏に貼り付いている側を「きき紙」、中身とのど部分でつながっている側を「遊び紙」という。
- しおり (bookmark)
- はなぎれ (head band)
  背表紙と中身の背の間の上下両端にあり、布切れが貼られていたり糸が編み込まれていたりする。補強と装飾を兼ねる。

♦図書用の支持台とその使用説明書
♦書架から図書を出し入れする際の注意書き
♦大型資料を閲覧するのに十分な場所
♦貴重書や写真を取り扱うための綿の手袋
♦清潔な机
♦地図を広げて見るために地図を覆う透明ポリエステルシート
♦大型資料を取り扱う時の補助員
♦広げた図面を押さえるための清潔で表面が滑らかな重し

## 4 コピー（電子式複写）

　コピーは資料保存において深刻な問題を引き起こしている。原稿台がフラットベッドタイプの複写機や乱暴な取り扱いが，図書や文書の構造に大きな被害をあたえる。複写機は事務用のものではなく，製本された図書向けにデザインされたものを使用すべきである。高価ではあるが，図書を上向きのまま複写できるタイプが理想である。コピーは，十分に訓練を受けた職員がそれぞれの資料がコピーに適しているかどうか判断した上で行うことが望ましい。

　複写制限の基準と著作権の規定についてすべての職員が十分に理解しておく必要がある。新規採用職員に対しては適切な取り扱いやコピーのとり方の研修を必ず行う。既存の職員向けにも再研修の機会を定期的に設ける。

　コピーのために職員を配置できない場合は，資料の損傷を防ぐために次のような点を考慮する。

♦複写機は，職員の目がきちんと届くところに設置する。
♦複写機の近くに主な取り扱い方法を明瞭かつ簡潔に掲示する。
♦例えば，鮮明なコピー画像を得るために，手や複写機のカバーで図書の背を無理に押しつけないようにというようなポスターを貼るのもよいだろう。
♦利用者にもわかりやすい複写制限の基準を設置し，ほんの数行のためだけにコピーをとるような行為を減らす。
♦複写の記録をつけ，複写頻度の高い資料についてはマイクロ化を検討する。

次のような資料は複写機によるコピーをすべきでない。
- ◆壊れやすい資料あるいは劣化した資料。
- ◆きつく製本されて平らに開かない資料。
- ◆貴重書や写真。
- ◆平の部分をホッチキスなどで綴じたもの。
- ◆製本自体が芸術的価値のあるもの。
- ◆ベラムやパーチメントでできたもの。
- ◆封蠟などがついた資料。
- ◆無線綴じの資料（ページが縫って綴じられているのではなく，接着剤で固定されている）。
- ◆過度に動かさないと完全なコピーがとれないような大型の資料。

> 一般に複写機はオゾンを生成するが，職員や資料がオゾンにさらされないよう換気を十分に行う。

> 資料を複写機の上に放置しない。

> あまりに傷んでいてコピーをとれないような資料は，マイクロ化してフィルムから紙焼きの資料を作成する。

## 第3節　保管方法と取り扱い

　保管方法は資料の耐用年数に直接影響をあたえる。適切な保管方法が耐用年数を引伸ばすのに対し，いいかげんで，無計画で，詰め込み過ぎの状態は資料

の劣化をすぐに引き起こす。その上，質の悪い保存容器が資料の劣化をさらに加速することがある。

　職員や利用者による取り扱い方もまた，資料の耐用年数に直接影響する。図書が受けた被害は積み重なっていく。度重なる乱暴な取り扱いが，新品の図書を破損本に，破損本を高額な補修や再製本が必要な図書へ，あるいは再購入が必要な利用不可能な図書へと瞬時に変えてしまう。図書館が次にあげる指針に従えば蔵書を安寧に保管する状況に改善できるだろう。

> 資料の保管場所は，常に清掃をこころがけ，虫やカビの侵入した痕跡がないかどうか定期的に点検する。

## 1　書架と排架

- ◆書架は平滑で安全，清潔かつ資料を適切に支えられるよう設計されたものがよい。どのようなものであれ，突出部や鋭利な角には注意が必要である。理想としては，仕上げにエナメル焼付けをしたスチール製の書架が望ましい。
- ◆水の侵入や通行人からの被害を避けるために，床から最低でも10センチメートル離して資料を排架する。水や埃，有害な光が資料にあたるのを防ぐため，天井部分に「張出し型の屋根」がついた書架をできれば使用する。
- ◆資料の保管場所と書架周辺は，空気の循環を適切に維持する。
- ◆書架は壁面から少なくとも5センチメートル離し，図書はその書架の背面からさらに5センチメートル離して並べる。建物の外壁に直接接する位置に書架が置かれている場合，このことが特に重要である。
- ◆図書をスチール製のキャビネットに収納しておく場合は，必ず十分な通気性のあるものを使用する。また埃や小破片が図書に落ちてくるのを防ぐために，上部ではなく側面に通気孔があるキャビネットを使用する。
- ◆可動式の書棚に図書を並べる場合は，棚板を移動した時に図書が落下したり，押しつぶされたりすることがないように十分配慮する。

図書の劣化を最大限防ぐために，次の事柄を守る。

♦ 出し入れが楽にできるように資料を排架する。きつく詰めると出し入れによって資料がすぐに傷む。

♦ 書棚がすべて埋まらない場合は，図書をきちんと支えておくためにブックエンドを使用する。斜めに傾いた状態を放置しておくと，変形し，ひずみ，ついには図書そのものが壊れてしまう。

♦ ブックエンドは，表紙の破れやページの裂け，折り目がつく原因となるので，表面が滑らかで角の丸いものを使用する。

♦ 図書を書棚に並べる時は，通路まではみ出さないようにする。通行人やブックトラックにより図書が傷む原因となる。

♦ 可能であれば大きさごとに図書を並べる。大型本を十分に支えることができないので，大型本の隣に小型のものが並ぶのは避ける。

♦ 装丁に金具（留め金，飾り金具，飾り釘など）が使われている図書を，保護されていない図書のすぐ隣に排架する場合は，容器に入れるか，少なくとも厚紙または板紙を間にはさむ。

♦ 紙やクロス製本の資料は，革製本のものと別置する。革に含まれる酸やオイルが移行して紙やクロスの劣化を早める。さらに，劣化して粉状になった革が紙やクロスを汚すことがある。

♦ 小型で構造のしっかりしている図書は垂直に立てて排架する。

♦ 垂直に立てると背が高過ぎる場合は，別置するか，棚を再配置する。前小口を下にして排架すると，構造が崩れて綴じが緩む原因となる。

♦ 大型本や重い図書，構造的に脆弱だったり，劣化している図書は，全体的な支えを必要とするので水平に寝かせて保管する。こうした図書を積み重ねないように書棚の間に別の棚板を追加する。

♦ 水平に寝かせて排架されている大型本を利用する場合は，まず上に重なっている図書を空いている書棚かブックトラックに移動させる。次に利用する図書を両手で取り出し，その後，先に移動させた図書を書棚に戻しておく。納架する時も同じように作業する。

第4章　伝統的な図書館資料　　79

- 図書が崩れて倒れる原因になるので，棚や机の上に図書を積み上げない。積み重ねる場合は2〜3冊までとする。
- 水平に置く場合は，書架番号やタイトルが見えるように排架し，動かさなくても必要な図書を同定できるようにする。
- 小型本の上に大型本を置かない。
- 歴史的価値のある建物の一室などに，装丁された図書を並べて展示しておく必要がある場合は，ブック・シュー（表紙は支えるが，背の部分は見える状態になっている）を利用したり，図書と図書の間にポリエステルフィルムをはさんだりして排架する。

間違った取り扱いは図書に取り返しのつかない被害をあたえる原因になる。
- 図書の背の頭の部分に指を引っ掛けて書架から取り出さない。背の頭の部分が破けたり，背が裂ける原因となる。
- もし取り出したい図書の上側にスペースがあるなら，上側から前小口部分まで手を伸ばして目的の図書を取り出す。
- スペースがない場合は，取り出したい図書の両脇にある図書をそれぞれ後

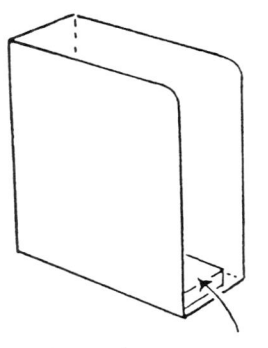

支え。ブック・シュー内で中身を支える。

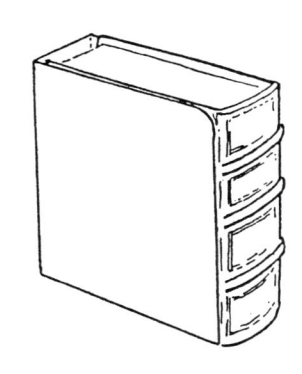

方へ押し込み，目的の図書の背の両側を指で十分つかめるようにしてから図書を取り出す。
- ◆図書を移動した場合は，書架に残された図書とブックエンドを再調整する。

## 2　図書の持ち運びと搬送

- ◆両手で確実に持てる以上の図書を持ち運ばない。
- ◆室外に持ち出す場合は丈夫な箱に平らに詰める。
- ◆必要なら，図書が動かないように詰め物として発泡ポリスチレンあるいは発泡プラスチックを詰める。
- ◆図書の搬送は板紙製の箱に個々に入れて行う。屋外へ持ち出す際は，箱をさらにポリエチレン製のバッグに入れて運ぶ。
- ◆図書を館外へ持ち出す場合は，蓋がしっかりとしまる耐水性のポリプロピレン製の容器を使用する。
- ◆図書の入った容器は，可能な場合はいつでも二人がかりで動かす。
- ◆図書館資料を車内に放置しない。

> 貸出，整理など，常に資料に触れる業務を担当するすべての職員は，健康と安全性の観点から，重い資料を持ち上げたり，取り扱う場合の正しい方法について正規の研修を受ける。

## 3　ブックトラックと図書

次のようなブックトラックを使用する。

- ◆大きなゴムタイヤのついたトラック。ゴムタイヤがついていると安定性が増し，操作しやすく，振動が軽減される。
- ◆資料を安全に運べるように広い棚板あるいは保護用の柵がついたトラック。
- ◆角に緩衝材がついたトラック。不注意な衝突から受ける損傷を最小限に抑えられる。

トラックに図書を並べる場合は以下のことに注意する。
- ◆図書はトラックの上に垂直に立てて並べ，書庫内と同じようにきちんと支えをする。
- ◆トラックの縁から図書がはみ出さないように置く。
- ◆図書は重心が低い位置になるようにトラックに積む。

## 第4節　図書とその他の紙資料のための保存容器

　保存容器にはリグニンや亜硫酸化物を含まず，アルカリ緩衝剤を含んだ，セルロースの含有率が高いもの（87パーセント以上）を使用する。保存容器の種類には箱，封筒，フォルダーがあり，いろいろな形，サイズのものが市販されている。
　次のような理由から，図書館資料の保存において保存容器は極めて重要である。
- ◆過度の取り扱いから資料を保護する。
- ◆輸送時に資料を保護する。
- ◆書架上の資料を保護する。
- ◆火災，煙，洪水の被害から資料を保護する。
- ◆光を遮断する。
- ◆埃を遮断する。
- ◆容器周辺の環境の変動に対する緩衝材として機能する。
- ◆大気汚染物質に対する緩衝材として機能する。

| 写真用の包材には別の基準が要求される。 |
|---|

## 1　図書用の保存容器

- ◆図書用の保存容器として，製本用の板紙とクロスで資料に合わせて一点一点製作される箱は理想的ではあるが，高価でかつ製作に時間と技術を必要とするので，大変希少で価値のある資料に限定したものになる。他の容器に比べて総合的な保護力と丈夫さの点において優れている。
- ◆フェイズ・ボックスと名付けられた，段階的な保存手当ての考えに基づく保存容器は，低価格な代替品であり，短期間（15～20年）の保存においては十分な役割を果たす。先の一点ものの箱より短時間でより簡単に製作できる。図書館内で製作できるし，市販もされている。

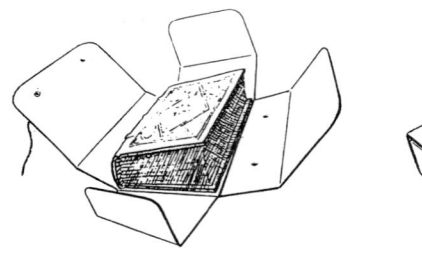

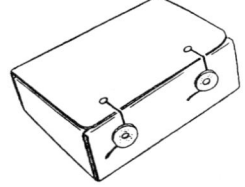

フェイズ・ボックス

- ◆市販のアーカイバル品質の箱や畳紙（たとうがみ）式に折るフォルダーは，さまざまなサイズのものが販売されており，少量から大量まで必要量に応じて購入できる。
- ◆ブック・シューは，書架に並べた際に構造的支えを必要とするような図書に適した容器である。
- ◆背の部分のみが開いた箱（スリップ・ケース）の利用は避けたほうがよい。出し入れにより，図書の表紙が箱の内側と擦れたり，中身が傷む場合がある。

◆ 封筒も図書用の保存容器として使用される場合がある。しかし一般には図書が必要とする支える機能を持たないため，箱に取り替えたほうがよい。
◆ ラッパーは，耐久性のよい紙や板紙製の簡易な包材である。他の保存容器があまりに高価だったり，書架上で場所を占め過ぎたりする場合に，利用頻度の低い図書向けの保存容器として利用される。

## 2　保存容器に入れる図書の選択

容器に入れる図書の優先順位を決める際は以下の点を考慮する。
◆ 壊れやすい装丁の貴重な図書。
◆ 脆く劣化した図書——ページが緩んでいたり，外れている図書，または表紙が外れかけている図書。
◆ ベラムで装丁された図書。あるいは中身にベラムを使用している図書。ベラムは湿度の変化に簡単に反応し，膨張したり，収縮したりする。これにより表紙が反ったり，溝が割れたりすることがある。保存容器に入れることで，ベラムの膨張や収縮を抑え，ゆがみを最小限にとどめることができる。

## 3　収縮包装と真空パック

食品業や梱包業における手法を利用した収縮包装や真空パックは，資料を保護するのに経済的な方法である。まず資料をポリエステルまたはポリエチレンフィルムでできたシートの間あるいは袋の中に置く。次に収縮包装の場合は熱によりフィルムを収縮させる。真空パックの場合は資料の周囲を真空状態にしてすべての空気を抜く。この手法は短期間であれば資料が安定した状態におかれているように見える。しかしながら長期にわたった場合の影響については調査されていない。輸送する資料や壊れやすい資料，特に脆弱な紙でできている資料は，資料を板紙の間にはさんでから収縮包装あるいは真空パックを行うことで，堅くて強い包装にできる。また，収縮包装と真空パックは虫やカビの害から資料を保護し，安定した小さな環境をつくりだす場合にも利用される。空

気を最大限抜くことにより場所を節約でき，資料の厚みを減らせる。

## 4　新聞用紙

　新聞の保存には，市販のアーカイバル品質の箱や真空パックを利用する方法がある。1840年以降に製作された新聞用紙の多くが短い繊維の紙でできており，リグニンや他の不純物を含んでいる。状態がいくらよくても，こうした新聞の長期保存は難しい。マイクロ化が最も一般的な保存方法である。

　新聞の切抜きは，一般にはそのものの価値ではなく，切抜きに盛られた情報が重要である。つまりこの場合も複写機によるコピー，あるいはマイクロ化が最も現実的な保存方法である。すべてのコピーは画像を熱定着させるタイプの静電複写機を利用し，アルカリ緩衝剤を含みリグニン含有量の低い紙を用いて作成する。どうしても保存しておく必要がある切抜きは脱酸性化などの処置をした後，フォルダーに入れたりポリエステルの封筒に入れたりして，質のよい紙でできた資料から物理的に離して保管する。

> 脱酸性化（アルカリ化）により新聞用紙の劣化を遅らせることはできるが，ほとんどの場合は実際的でない。新聞の劣化の進行は，他の資料よりも相対的には急速に進むからである。しかも黄変し脆弱化した新聞を脱酸性化しても，色や柔軟性を回復することもできない。

## 5　雑誌とパンフレット

　雑誌やパンフレットは箱，フォルダー，あるいは厚紙製の封筒に収納するとよい。容器には，すでに述べた図書向けの容器の基準に沿ったものを使用する。表紙が同じ大きさの資料は，市販の箱にいくつかまとめて収納してもよい。大きさの異なる資料は，厚紙製の封筒に入れてから箱に収納するとよい。雑誌やパンフレットを一冊だけ図書の間に排架する場合は，必ず厚紙製の封筒に入れて排架する。

## 6 スクラップブックとエフェメラ

　多くの歴史コレクションにはスクラップブックやエフェメラ（通常はすぐに処分されてしまう一過性資料，例えば，業務用の名刺，バレンタインカード，型紙，紙人形など）が含まれている。こうした資料はさまざまな構成要素と支持体からできており保存上問題になる。表面に凹凸があったり，立体的な装飾がしてあったり，動く部分があったりする。大変特色があり，壊れやすく，傷んでいる場合が多い。また，他の資料と組であることに重要な価値がある。大きさ，形，重さ，主な素材の違いが劣化を引き起こすので，こうした資料を他の種類の図書館資料や文書館資料にはさんだり，綴じ込んだりしてはいけない。オリジナルのままであることに特に歴史的価値があるようなスクラップ資料は，個別に箱に入れるべきである。

　綴じられていないエフェメラは大きさや種類（例えば，写真，印刷物，手稿など）ごとに分類した後，必要に応じて個別に保存容器に収納して酸の移転や物理的劣化を防ぐ必要がある。また構造的に支えることができるような方法で保管する。

## 7 一枚もの資料

- ◆一枚もの紙資料を保存容器に入れる場合，同じ大きさで同じ種類のものだけを一緒に保管する。
- ◆大きさや重さの違いは劣化を招く原因になるので，一枚もの資料を図書やパンフレットと同じ容器で保管することは適当でない。
- ◆一般的に，重い資料と軽い資料は分けて，別々の容器で保管すべきである。かさばる資料も同様である。一緒に入れると箱の中でそれぞれにかかる圧力が不均等になる。
- ◆質の悪い紙から直接接した紙へ酸が移転するので，容器に別々に入れて保管することが大切である。新聞の切抜きや明らかに粗悪な紙の資料は，質のよい紙でできた歴史文書や手稿と直接接することがないように必ず別の

容器で保管する。

◆ 手稿や文書は，広げた時に裂けたり，破損したり，他の損傷が生じたりすることがなければ，折りたたまずに広げて保管する。広げる時に損傷が起きそうな場合は，作業前に修復保存専門家に相談する。

◆ 文書はファイルフォルダーに入れて保管する。理想的には，各フォルダーに入れる枚数を10～15枚までにする。

◆ 各フォルダーはフォルダー・ボックスに収める。

◆ 各ボックスにはボックスの大きさに合った同一サイズのフォルダーを収める。

◆ ボックスにフォルダーを詰め過ぎると，フォルダーを出し入れしたり，調べたりする際に劣化を招く。

◆ フォルダー・ボックスは水平あるいは垂直に保管するとよい。水平に置けば資料を全体的に支えることができるので，垂直に立てた場合に生じがちな角が崩れたり，資料が重さでたわむといった劣化や他の物理的劣化を防ぐことができるだろう。とはいえ水平に置くと，フォルダー・ボックスの底の資料が上部に置かれた資料の重さの影響を受ける。スムーズに出し入れするためにも水平に置いたボックスの積み上げは2段までにする。

◆ 重さで曲がったり，角が崩れたりすることがないように文書やフォルダーがフォルダー・ボックスの中で十分に支えられている場合は，フォルダー・ボックスを垂直に立てて置いてもよい。ボックス内に空間がある場合は，隙間を埋めるために安定した素材からなる仕切り板を利用するとよい。

◆ ベラムに書かれた文書や地図などは，温度や湿度の変化の影響を非常に受けやすいので，容器に入れて保管する。容器としてはエンキャプシュレーション，フォルダー，マット，箱，あるいはこれらを組み合わせて利用する。

## 8　ファシクル

書簡のように貴重で独自な一枚もの資料は，従来は書類ばさみの類で綴じら

れてきた。この方法で綴じられたものが，厚さがかなり薄く，台紙がそれぞれの資料を確実に支え，資料に直接手を触れずにすむような構造に仕上がっているならば問題はない。

　しかし，より簡単な方法のひとつとしてファシクルという手法がある。ファシクルは資料を簡単に綴じた折丁ひとつでできた小冊子である。表紙は無酸の堅い厚紙製で，中身は台紙となる二つ折りにした複数のシートと表紙につなげられた折丁（図脚の役目をする）とから構成される。ファシクルの大きさは市販の箱に合わせる。司書の手によりすべての資料を丁付けしてファシクルに大まかにはさむ。資料が取り付けられた折丁も丁付けする。資料の端には和紙の紙片でできた脚を糊付けする。この脚に糊をつけ資料を台紙の右ページに固定する。でき上がったファシクルは箱に入れて保管する。

　ファシクルには次のような利点がある。
- ◆資料を平らに保ち，支える。
- ◆必要に応じて資料を簡単に外したり，はさみ直したりできる（例えば展示の際に）。
- ◆資料が曲がるのを防止する。
- ◆資料どうしが擦れる機会を減らす。
- ◆資料に手が直接触れる機会を減らす。
- ◆大きさがさまざまな資料をひとつの大きさに統一できる。
- ◆光や大気汚染物質から中の資料を守る。

## 9　大きな一枚もの資料

　大きな一枚もの資料には，建築設計図，青焼き図面，地図，大型の印刷物，ポスター，壁紙見本が含まれる。こうした資料は図面用の引出しに平らに保管するのが最もよい。引出しの大きさに合わせて裁断したフォルダーに個別にはさみ保管する。ひとつのフォルダーに複数の資料を保管する場合は，間に無酸の薄葉紙をはさむとよい。特に，資料が彩色されていたり，特別な価値がある

場合は薄葉紙を利用するのが望ましい。

　大きな資料を安全に出し入れできるように，引出しの周囲には十分な空間を設ける。移動や入れ替えの際は，資料を置ける十分な場所を確保する。

　大きな資料用に平らな収納場所が確保できない場合は，資料が傷んでいない，あるいは壊れやすい資料でないならば，資料を筒状に丸めておいてもよい。

　資料には，個々に丸めておく必要があるものと，同じような大きさのものを4～6枚ずつまとめて丸めておいてよいものとがある。ただし正確な枚数は資料の大きさと重さによる。筒は巻く資料より数センチメートル長く，直径が少なくとも10センチメートル以上（直径は大きいほうが望ましい）のものを用いる。筒にはリグニンの含有量が少なく，pH値が中性のものを使用する。

　そうでない筒の場合は，中性あるいはアルカリ緩衝剤を含んだ紙で包むか，ポリエステルフィルムで包んでから筒を使用する。資料よりも四方を数センチメートルずつ大きく裁断したポリエステルフィルムあるいは無酸の薄葉紙の間に資料をはさみ，それを筒状に丸める。あるいは筒に巻いてもよい。擦れて傷むのを防ぐために，筒状にした資料の上からさらに中性またはアルカリ緩衝剤を含んだ紙で包むか，ポリエステルフィルムで包む。麻，木綿あるいはポリエステルの平紐で筒を緩く縛る。さらに保護が必要な場合は，これを長方形の箱に収めてもよい。筒状にした資料は水平に寝かせて保管する。

> 青焼き図面をアルカリ性のフォルダーに保管してはいけない。青焼き資料がアルカリ性の高い物質に長期間触れていると，退色や変色（茶褐色になる）が起こる場合がある。したがって，リグニンを含まない中性のフォルダーに保管する。

## 10　大きな一枚もの資料の取り扱いと搬送

- ◆ 大きな資料を取り扱う場合は，両手を使う。
- ◆ 大きな蠟封印はきちんと支えられているか注意する。向きを変える場合は資料と一緒に変える。
- ◆ たとえ部屋から部屋への簡単な移動であっても，資料を移動させる前には

経路と行き先に注意する。
- 地図，図面，大きな一枚もの資料には持ち運び用の二つ折りケースあるいは専用のフォルダーを利用する。
- 資料をはさんだケースの持ち運びは2人で行う。
- 資料をはさんだケースは垂直に持ち運ぶ。
- 館外に持ち出す場合は，防水加工が施されたケースを利用する。

## 第5節　展示

図書館資料を展示する場合は，次にあげるような特別な注意を払う。
- 展示に適した資料を選ぶ。
- セキュリティ——展示ケースは鍵がかかり，ガラスが飛散防止加工されており，警報装置のついたものがよい。展示室は常に監視する。
- 展示ケースは，化学的に安定でガスが発生しない材料を用いたものを使用する。
- 環境因子である温度，湿度，光，紫外線，大気汚染物質は厳重に制御し，適切な機器を用いて監視する。
- 展示作品を取りつける備品は，化学的に安定で，作品に無害のものを使用する。
- 図書は，開いたあるいは閉じた図書の形にきちんと沿うように製作された板紙製あるいはアクリル製の支持台の上にポリエチレンの紐で固定する。通常図書を傾けて展示する際は，水平面に対し20度まで，ページを広げる角度は120度までとする。必要に応じて支えを利用する。
- 窓付きのマットや台紙は，無酸でアルカリ緩衝剤を含んだ板紙製のものを使用する。
- 絵画作品のようにケースに入れずに展示をする場合は，壁面や床面におけ

るセキュリティに注意を払う。また観覧者が手を触れないように境界線を設置する。
◆展示するすべての資料の記録をとる。

| 展示替えの時が作品にとって最も危険である。 |

　調査や展示用に他機関へ資料を貸出す場合には，資料が損傷する危険をともなう。司書は貸出注意事項中に「借り手側は資料の保護に十分な注意を払う」という項目を盛り込む義務がある。輸送時の損耗を防ぐために資料に保護処置をする。セキュリティの面から，貸出側の図書館は搬送資料への付添い人を往復とも要求できる。可能なら，付添い人は修復保存の専門家または司書が望ましい。展示資料の据付けは付添い人が行うか，または監督する。貸出資料にはすべての危険を考慮して十分な保険を必ずかけておく。この場合も費用は借り手の負担である。借り手側の展示環境が修復保存の観点から見て適当な状態で，展示資料に対するセキュリティ対策も信頼できるものであることを，貸出側の司書が納得しておく必要がある。展示のための資料輸送はさまざまな劣化を引き起こす危険があり，資料保存において特別な問題を含んでいる。貸出機関は，貸出資料の状態調査書を記録写真とともに必ず作成する。またセキュリティ上の観点から，貸出資料のマイクロ化を検討する。

# 第5章　写真およびフィルム媒体資料

## 第1節　写真

　1839年に写真技術が誕生して以来，写真は実にさまざまな方法で作成されてきた。中には，非常に強い自壊作用をもつ素材や，物理的に接触したものの影響を受けやすい素材を用いた写真もあったが，どの写真にもほとんど例外なく共通しているのが，環境の影響を受けやすいことである。単に温度，湿度，大気汚染物質による影響だけではなく，建材，壁の塗料，木製家具，板紙製品，あるいは写真を保護する包材から放出される酸化物質の影響も受けやすい。写真資料の修復保存処置は専門家に任せるべきであるが，適切な予防策を講じることによって，蔵書中の写真を保護し，良好な状態を維持することは，図書館職員の仕事である。

### 1　写真の構造

　写真は基本的に次の3つの部分から構成されている。
- ◆支持体
    ガラス，プラスチックフィルム，紙，または樹脂コート紙からなる支持体層。
- ◆バインダー
    乳剤層，またはバインダー層をなす物質で，ゼラチンが最も多く使われているが，アルブミンやコロジオンが用いられることもある。画像材料

　　　　または画像形成材料を支持体と結びつける。
　　◆画像材料
　　　　銀，カラー染料，顔料粒子などからなり，乳剤やバインダーの中に分散
　　　　されている。

多種多様な画像材料やバインダーがこれまで用いられてきたが，今日の白黒写真は，ほとんどすべてが銀をゼラチンの中に分散させたタイプのものである。

## 2　取り扱い

写真は，不注意な取り扱いによって，いとも簡単に傷ついてしまう。職員と利用者は以下の点に留意しなければならない。
- ◆できるだけ原資料よりも複製を利用する。
- ◆写真を取り扱う際には，清潔で起毛していない綿の手袋を使用する。写真画像の乳剤面には決して触れてはならない（写真プリント，ネガ，スライド，幻灯機用スライドなど写真の種類は問わない）。
- ◆清潔な作業台を用意する。
- ◆両手で写真を取り扱う。または，しっかりした板紙を利用して写真を支える。
- ◆写真資料の上では接着テープ，ホッチキス，ピン，ゼムクリップ，輪ゴムを使わない。
- ◆保管と取り扱い上で問題がでてきたら，写真の修復保存専門家に相談する。

## 3　包材

どの包材も，ANSI IT 9.2-1988で規定された写真活性度試験（PAT）に適合したものでなければならない。写真活性度試験は，包材が写真にあたえる影響を測定する厳格な試験である。現在では，包材を製造・販売している企業の多くが，自社製品に対してこの試験を行っている。写真活性度試験に合格した製品を購入するようにする。または，購入する際に，写真活性度試験に合格して

いることを条件とする。

　写真包材は基本的に紙／板紙とプラスチックというグループに分かれる。

　紙／板紙製の包材は次の要件を満たさなければならない。
- ◆ セルロースの含有率が高い（87パーセント以上）。
- ◆ pH 値が中性（およそ6.5～7.5）。
- ◆ 還元可能な硫黄分が検出されない。
- ◆ リグニン，pH 緩衝剤，金属粒子，酸，過酸化物，ホルムアルデヒド，有害なサイズ剤を含まない。

　プラスチック包材は次の要件を満たさなければならない。
- ◆ 可塑剤を含まない。
- ◆ 表面がつや出し・塗工・つや消しされていない。
- ◆ 周囲の環境が安定している状態であれば，次に掲げる例外を除いて，どの包材にもポリエステルを用いることが望ましい。ポリエステル製の包材を使用していけないのは，表面が傷つきやすい写真プリントやネガ（例えば，乳剤が剝がれかかっているもの，手で彩色を施したものなど），ガラスプレートネガ，ティンタイプ，ケース入り写真，初期のフィルム・ベースの写真である。

> ポリ塩化ビニル（PVC）製の封筒は絶対に使用しない。

## 4　望ましい保管環境

　写真は環境の影響を非常に受けやすい。
- ◆ 一般的に，保管場所の温度はできるだけ低くし，光，紫外線，大気汚染物質，塵埃になるべくさらされない方策を講じなければならない。
- ◆ 白黒のプリントやネガは，温度18℃以下，相対湿度30～40％で保管する。

- ◆ カラー資料がその寿命を確保するためには，温度2℃以下，相対湿度30〜40％の冷蔵保管庫に入れなければならない。必ず専門家に相談してから，冷蔵保管庫に入れること。
- ◆ さまざまな種類の写真からなるコレクションの場合は，相対湿度35〜40％が望ましい。
- ◆ 温湿度の変動は避けなければならない。

## 5　保管

**写真プリント**

　資料を一点ごとに包材に入れることが最善である。そうすることで，写真を保護し物理的に支えることができるので，写真の傷みが少なくなる。紙の包材は不透明なので，写真を見る時には中から取り出さなければならない。写真プリントの裏に板紙を支えとして添え，透明プラスチックのLスリーブ（ポリエステルのシートを2枚重ねて，隣接する2辺をL字型に留めたもの）に入れれば，研究者は写真を直接手にとらずに見ることができるので，ひっかいたり，擦り傷をつけたりする可能性が小さくなる，という利点がある。

　板紙にマウントされた大型の写真プリントの保管には，特別な注意が必要である。板紙が酸性で非常に脆くなっていることがよくある。写真を支えている板紙が劣化すれば，写真も危険にさらされる。板紙が保管や取り扱いの際に破れれば，写真も傷ついてしまうからである。そのようなプリントは注意深く，場合によっては特製の包材に入れて保管しなければならない。取り扱う際にも細心の注意が必要である。

　写真をフォルダーやスリーブ，封筒に適切に収納したら，中性の板紙製の前面開閉式の長期保管用保存箱の中で，立てて，または水平に寝かせて保管する。通常，写真は垂直に立てて保管するよりも寝かせて保管するほうが望ましい。寝かせることにより，全面が支えられるため，曲がってしまうといった力学的作用による損傷を受けないからである。一方，垂直にすれば写真を探すのが容易になり，それぞれを手にする回数も少なくなる。立てて保管する際には，中

性紙製のフォルダーや封筒に写真を入れる。そして，写真を入れたフォルダーや封筒を，さらに吊り下げ式，または一般のフォルダー・ボックスに収納する。詰め込み過ぎてはならない。吊り下げ式フォルダー・ボックスを用いれば，写真が滑り落ちることがなく，取り扱いやすい。いずれにしても，写真をぎっしりと詰めないように注意しなければならない。

### アルバムの写真プリント

　隣ページの写真プリントや台紙から悪い影響を受けているようであれば，写真保存用の紙を間紙としてはさむ。ただし，間紙の厚みでアルバムの綴じに無理な力がかかる場合には，はさんではならない。ページに粘着剤が塗ってありプラスチックのカバーシートがついているタイプのアルバムは用いない。

### 写真アルバム

　水平に保管する。中性の薄葉紙をクッションとして詰めた箱に入れて保管するのが望ましい。

### ガラスプレートネガ

　ひとつずつ紙の包材で包み，クッションを入れたキャビネットまたは5枚ごとに板紙の仕切りを入れた堅牢な箱に立てて入れ，保管する。

### ネガフィルム

　紙やポリエステルのスリーブに入れて保管する。スリーブは保存箱に入れるか，またはキャビネットにつるす。

### ケース入り写真

　ダゲレオタイプやアンブロタイプの写真は，ケースごと水平に置き，引出し式キャビネットや保存箱に入れて保管する。

写真資料を入れた保存箱は金属製の棚に収納する。できれば，大きさが似た写真を一緒に保管するのが望ましい。大きさが異なる写真を混ぜると，擦り傷がついたり壊れたりすることがある。また，小さい写真の置き場所がわからなくなる可能性も大きくなる。写真の大きさにかかわらず，保存箱に入れる包材はすべて同じ大きさにし，保存箱の大きさも同じにする。保存箱に詰め込み過ぎてはならない。

> 異なる種類の写真，ガラスプレートネガ，ネガフィルム，紙プリント，カラースライドなどは別々に保管する。

## 第2節　フィルム媒体

フィルム資料には，セルロースナイトレート（硝酸セルロース），セルロースアセテート（酢酸セルロース），ポリエステルという主に3つの種類がある。これらの物質は，ネガフィルム，スライド，映画フィルム，マイクロフィルムなどの写真製品の支持体として用いられてきた。

セルロースナイトレートとセルロースアセテートは不安定である。劣化の過程で生じる分解生成物によって，写真コレクションが著しい被害を受けたり，場合によっては壊滅的な打撃を受けることもある。特に，セルロースナイトレート・ベースのフィルムは燃えやすい。劣化すると特に燃えやすくなるため，他のフィルムから隔離し，適切な環境のもとで保管しなければならない。

### 1　セルロースナイトレート・ベースのフィルム

- ◆1889～1951年まで製造され，1900～1939年の間に主に使用された。
- ◆不安定で，非常に燃えやすい。
- ◆室温以下の状態でも，ゆっくりと劣化しつづけ，その過程でガスを発する。

- フィルムを入れた容器からガスが外に逃げ出さないと，分解が加速する。支持体が黄変し，それから褐色に変色する。粘着性が出てべとべとし，脆くなる。最後には，分解して灰褐色の粉状になり，画像や音声記録は完全に破壊されてしまう。
- 反応が進むとフィルムが自然発火し，近くにある資料や人，建物に甚大な被害をもたらすことがある。

> セルロースナイトレート・ベースのフィルムは火災の危険があるので，セルロースナイトレートの製品はどのようなものであれ隔離しておくことが重要である。実際多くの保険契約でも隔離保管が規定されている。セルロースナイトレートフィルムは消防署に承認された特別に設計された保管域に保管する。セルロースナイトレートフィルムは安全フィルム（ポリエステル・ベースフィルム）を利用して複製フィルムを作成しておくことが望ましい。

## 2　セルロースアセテート・ベースのフィルム

- 1935年に導入され，1939年以降，セルロースナイトレート・ベースのフィルムにほぼ完全にとってかわった。
- 室温でゆっくりと分解し，酢のような臭いのガスを発する。この過程は「ビネガーシンドローム」として知られている。
- 最後には完全に分解してしまう。
- つい最近まで，セルロースアセテート・ベースのフィルムは長期保存に適した記録媒体と考えられていた。しかし，このフィルムにもまた安定性に問題のあることが明らかになっている。

## 3　ポリエステル・ベースのフィルム

「安全フィルム」として一般に知られている。長期保存が必要な写真記録には，ポリエステル（ポリエチレンテレフタレート）・ベースのフィルムを用いることが，近年では推奨されている。

## 4　取り扱い

　フィルム媒体は，たとえ良好な状態にあっても傷つきやすい。前述の3種のフィルム支持体にはいずれも，また支持体に塗布されるゼラチンバインダーには，ひっかき傷や擦り傷，折り目がついたりする。手の脂や汚れによってもまた，支持体やバインダー，画像材料が傷む。

　いったん劣化が始まると，取り扱いの際に一層傷つきやすくなる。劣化すると非常に脆くなる。こうした状態になると，包材から繰り返して出し入れするだけで，相当に傷んでしまう場合がある。さらに，劣化すると粘着性が出てべとべとし，他のフィルムにくっついてしまうこともある。

　専門家以外の者はフィルムを取り扱わず，フィルムを映写したり複製を作成したりするのはフィルムの修復保存の専門家に限るのが理想である。フィルムの取り扱い者は，起毛していない木綿の手袋をはめ，フィルムの端の部分だけを扱う。清潔で，明るく，通気性がよい場所で，十分なスペースを確保して作業する。現像や検査を行う場所では飲食・喫煙をしてはならない。劣化したネガフィルムに長時間接していると健康を害することがある。大規模なコレクションの場合には特に危険が高い。

> 劣化したセルロースナイトレートおよびセルロースアセテート製品は健康や安全性に深刻な害がある。したがってこうした種類のフィルムを取り扱う際は十分注意を払う必要がある。（化学的な耐性に優れた合成ゴムの）ネオプレン製の手袋を着用する。十分な換気を行う。呼吸用マスクを装着する。コンタクトレンズは装着しない。劣化フィルムに接している時間を制限する。

## 5　望ましい保管環境

　米国・ロチェスターの画像保存研究所（Image Permanence Institute）が最近行った研究で，保管場所の温湿度とフィルムの長期安定性との間の関係が明らかにされている。研究成果は「IPIセルロースアセテート・ベースフィルムの保

管ガイド」として出版されている。そこでは，温度と相対湿度の組み合わせによってフィルム（新しいフィルムおよび劣化フィルム）の寿命がどう変化するかが予測されている。

次の表は，さまざまな保管環境のもとでのフィルムの期待寿命を示したものである。左側の数字が新しいフィルムの寿命であり，右側の数字は劣化が始まっているフィルムの寿命を表している。

表　セルロースアセテート・ベースのフィルム（新しいフィルムおよび劣化しつつあるフィルム）の期待寿命の保管環境別予想値

| 冷暖房されたオフィス環境 | 21℃ | 50% RH | 40－5年 |
| 低温保管 | 18℃ | 35% RH | 90－15年 |
| 低温保管 | 13℃ | 30% RH | 200－40年 |
| 低温保管 | 4℃ | 30% RH | 800－130年 |
| 冷凍保管 | －4℃ | 30% RH | 1,500－400年 |
| 冷凍保管 | －18℃ | 30% RH | 1,500－400年 |

このガイドを使えば，保管環境の改善に必要な費用と，それから得られる効果を，年数で数量的に直接比較することができる。このガイドは，蔵書管理者にとって非常に有用なツールである。ガイドで示されているように，すでに劣化の兆候が見られるフィルムの安定性を高めたり，新しいフィルムの状態を良好に保つためには，低温保管するしか方法がない。

一時的に冷凍保管ができない場合にも，フィルムから酸性ガスが発生し，セルロースフィルムの自壊作用が促進されるのを防ぐために，保管場所の通気性を十分に確保する。可能な限り安定的で低温かつ乾いた環境を整える。温湿度の大きな変動は避けなければならない。

> フィルムに影響をあたえる物質には次のようなものがある。過酸化物（紙や木材からの），塩素化合物，二酸化硫黄，硫化水素（通常輪ゴムは硫黄を含んでいる），接着剤に含まれる不純物，ペンキから発生するガス，複写機やある

> タイプの電灯や電気器具から発生するオゾン，アンモニア，煙，殺虫剤，塵埃，研磨剤の粒子，カビなどである。閲覧室には，活性炭を利用した空気浄化装置と先端がループ状になったパイル・カーペットを使用するのが望ましい。先端がカットしてあるタイプのパイル・カーペットからは，非常に長い時間の間に，繊維くずが発生し，研磨剤となってフィルムを傷つける恐れがあるため，ループ状のタイプが適切である。

## 6　分離保管

　フィルム資料は種類別に分けて保管し，タイプが異なる支持体のフィルムを混在させないのが理想である。このように系統だてて保管すれば，セルロースナイトレートやセルロースアセテートから生じる有害な分解物質の影響を，他の写真が受けずにすむ。特に，セルロースナイトレートが分解して硝酸が生じると，銀画像が退色し，ゼラチンバインダーが柔らかくなる。最後には，粘着性が出てべとべとになり，金属製容器やキャビネットを溶かしてしまうこともある。フィルムを素材ごとに分けて保管すれば，フィルムコレクションをより効率的・効果的に点検できるようにもなる。

　タイプが異なるフィルムは可能な限り分けて保管することが重要であるが，それだけではなく，劣化しつつある媒体を，状態が良好な媒体から分離して保管することも重要である。先に述べたように，劣化が進むと分解物質が生じ，他の写真の劣化を引き起こすことがあるからである。

## 7　包材

　写真資料と同じ規格が適用される（「第1節　3　写真－包材」を参照）。

## 8　一般的な保管

　シートフィルムはネガフィルムやスライドと同じようにスリーブに入れる。スリーブは保存箱に入れて金属製の棚に保管するか，またはキャビネットの引出しに入れて保管する。

　映画フィルムやマイクロフィルムなどのロールフィルムは，乳剤面を内側に

してコアに巻き，可塑剤，塩素，過酸化物を含まない容器に入れる。ポリエチレンやポリプロピレン製のものを用いても構わない。缶の中の紙やカードは取り除く。外側の紙の包装なども同様に取り除く。フィルムは，フィルムの内容を記述した記録とは別の場所に保管する。

　シート状の資料もロール状の資料も金属製のラックに水平に置き，乾燥して通気性がよい冷暗所で保管する。

# 第6章　音声・画像資料

## 第1節　オーディオディスク

　図書館で見られる最も一般的な音声資料は，マイクログルーブレコード（LPレコード：12インチ・33 1/3回転，7インチ・45回転）であろう。マイクログルーブレコードには，ポリ塩化ビニルにプレスされたものと，78回転のシェラックディスクとがある。

### 1　シェラックディスク

　シェラックディスクが最初に登場したのは1890年代で，1950年代まで使用されたが，次第にビニルディスクにとってかわられた。
　シェラックの劣化原因を特定するのは困難である。実にさまざまな品質のシェラックが使用され，中には「混ぜ物」を使ったものもあるからである。
　適切な環境のもとで保管しても，シェラックの劣化はゆっくりと段階的に進む。湿度が高いと劣化が加速する。劣化が進むと，ディスクを再生するたびに微細な粉が生じ，音溝に記録された情報が消えてしまう。有機物は概してカビの攻撃を受けやすいが，シェラックそのものはカビに対する抵抗力があるといわれている。

### 2　ビニルディスク

　ビニルは安定しているが，寿命は無限ではない。ビニルディスクはポリ塩化

ビニル（PVC）でできており，紫外線や熱にさらされると化学変化をおこし劣化する。このため，製造過程において樹脂に化学薬品を加え，安定化を図っている。こうすることにより，劣化を防ぐことはできないが，進行を抑えることはできる。

　ビニルディスクはカビの増殖に対して抵抗力があり，高湿度の影響も受けない。

## 3　取り扱い

- ◆ディスクはジャケットからスリーブに入ったまま取り出す。まず，ジャケットを体にあてがって持ち，手に軽く力を加えてジャケットの口が開くように曲げる。スリーブの端を持ってディスクを引出す。その際，ディスクを指で押してはいけない。スリーブとディスクの間の埃が音溝に押し込まれてしまうからである。
- ◆次にスリーブからディスクを取り出す。スリーブをたわませて，ゆっくりと開いた手のひらへディスクを滑らせ，親指の付け根でディスクの端をつかまえる。中指はディスクのレーベル部を支える。スリーブの中に指を入れて取り出してはいけない。
- ◆ディスクを持つ時は，親指をディスクの端に置き，残りの指をレーベル部にあてがってバランスをとる。両手のひらをディスクの端にあてがい，ターンテーブルにのせる。

## 4　保管

- ◆柔らかいポリエチレン製のスリーブに入れて保管する。紙，板紙，ポリ塩化ビニル製のスリーブは使用しない。
- ◆熱や光（特に紫外線）の発生源の近くに置かない。プラスチックは，熱や光の影響を受ける。
- ◆重い物をレコードの上にのせない。レコードを積み重ねない。
- ◆レコードは垂直に立てて収納する。

◆ 棚がレコードの特定部分に圧力をかけたり，棚の間隔が10～15センチメートル以上ある収納棚は用いない。

◆ 大きさが異なるレコードを一緒に収納してはならない。小さいレコードが紛失したり，傷ついたり，また大きいレコードに不均等な圧力がかかりやすいからである。

◆ LPレコードのジャケットにかかっている収縮フィルムは完全に取り除く。フィルムが収縮を続けて，ディスクが湾曲することがあるからである。

## 5　望ましい保管環境

　適切な保管環境を整えることが，レコードの劣化を遅らせるための基本である。高温多湿や温湿度の急激な変化はレコードの素材であるプラスチックの化学特性に影響をあたえ，音質の乱れやディスクのゆがみの原因となることがある。温度18℃，相対湿度40%が望ましい。

　ディスクの表面に生育したカビによりディスクに穴があき，再生した時の音質が悪くなることもある。

　ディスクの上に埃が落ちている時に，レコード針によって音溝に力がかかると，音溝の壁を削り落として，再生音質が悪くなることもある。この音質の低下を回復することはできない。埃が熱可塑性物質とくっついてしまい，とれなくなってしまうこともある。

# 第2節　磁気媒体

　磁気テープ（オーディオカセット，ビデオカセット，オーディオ用オープンリールテープ，コンピュータ用オープンリールテープ，フロッピーディスクなど）はいずれも，ポリエステルフィルムのベース上にクロムまたは酸化鉄の磁性体層を接着した構造をもつものが多い。この磁性体をフィルム・ベースに接

着しているバインダーが，加水分解や酸化により劣化しやすい。磁化された粒子のパターンとして情報がテープに記録されるため，磁気粒子の喪失や乱れにより情報が失われてしまう。

　1950年代の初め以降，40種類以上のビデオ・フォーマットが使われてきており，サイズ，スピード，テープの収納方法がそれぞれ異なる。

　カセットテープはオープンリールテープよりもずっと薄く，弱い。期待される寿命は非常に短い。長期保存するならオープンリールを用いる。

　磁気テープは考えられていたよりもはるかに寿命が短い。15年以上経過した磁気テープはどれも注意深く扱う必要があり，20年以上経ったテープを利用する場合には，大半が専門家の援助を必要とする。

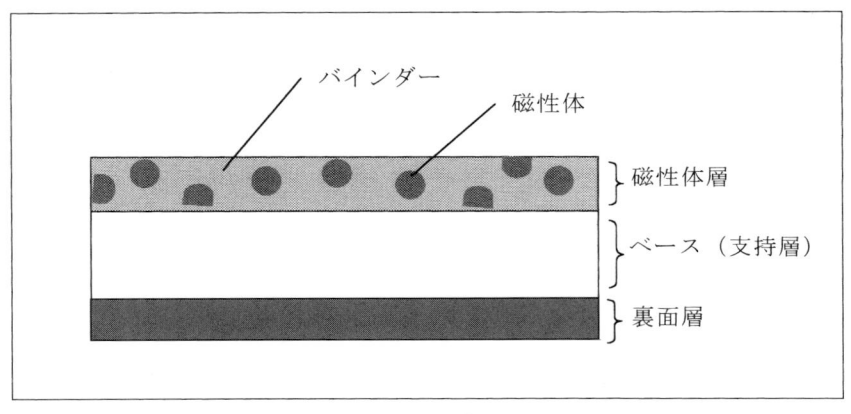

図　磁気テープの構造

## 1　取り扱い

- ◆取り扱い回数は最小限に抑える。
- ◆テープやフロッピーディスクの表面を触らないようにする。皮脂が残り，再生装置のヘッドに付着して埃を引き寄せることがある。
- ◆テープの表面や端は極力触らないようにし，やむを得ず触る場合には，起

毛していない手袋をする。
- テープやフロッピーディスクをクリーニングする場合には,「テープなどにも使用可能です」などとうたっている市販品に飛びついてはいけない。クリーニングしたり,傷を修復する時は,専門家に相談する。
- テープやフロッピーディスクの使用後は,損傷や埃から守るために,すぐに容器に戻す。
- カセットやオープンリール,フロッピーディスクへメモを添付する時にゼムクリップや接着テープを用いてはならない。
- 清潔な場所以外でテープを扱わない。
- テープの記録されたところも,最初のほうの記録されていない部分も床に垂れ下げてはいけない。
- 使用しない時には容器に戻す。
- テープを落としたり,急な衝撃にさらしてはいけない。
- テープの記録されているところも始端部/終端部も,傷んでいるならば切り落とす。
- テープの末端を留めたり,テープを接合するために一般の接着テープを用いてはならない。必要な場合には,専用の接着テープを用いる。

## 2 利用

- すべてのテープ資料にラベルを貼る。
- 製造業者の説明書に基づいて再生機の保守点検を行い,機器がテープを傷つけることがないようにする。
- 録音テープの回転経路を,推奨されている頻度で十分にクリーニングする。
- ひっかき傷などが表面にあるテープは廃棄する。テープの破片が再生機のテープ回転経路に残ってしまうことがある。
- 傷のあるテープを再生した後には,再生機にクリーニング用カセットをかけておく。
- 再利用するテープは完全に内容を消去したことを確認してから利用する。

◆定期的にテープを早送りしたり巻き戻ししたりしておく。
　◆再生途中の状態でテープを放置しない。テープは常に完全に巻き戻す。
　◆再生機器とテープを塵・埃から守る。

## 3　バックアップおよび媒体変換

　ひとつしかないフロッピーディスクに盛られた情報が失われることが，大量の情報が失われることを意味する場合がある。このため，バックアップコピーを取っておくことが，コンピュータに記録された情報を保存するために極めて重要である。組織の業務の一部としてコンピュータ上でデータベースを運用している場合には，システムのハードディスクに記録されている情報を毎日バックアップ用のディスクまたはテープに複製しなければならない。防災対策の一環として，バックアップコピーはオリジナルがあるところとは別の安全な場所に保管する。

　長期間保存すべきオーディオテープ，ビデオテープ，コンピュータテープは，記録された情報へのアクセスを保証するために，定期的に複製／媒体変換を行う必要があろう。3〜5年ごとに，すべてのマスタテープを，高品質で支持体にポリエステルを用いたテープに，ひろく確立されたフォーマットに基づいて再複製しなければならない。マスタコピーを用いるのは利用のためのコピーを作る時のみとする。時期をずらしてマスタコピーを製作することにより，それらが同時に古くならないようにする。

　オーディオテープのマスタにはオープンリールテープを用いる。オーディオテープ，ビデオテープの内容を書き写したものもまた「利用のためのコピー」または「バックアップコピー」として用いることができる。写しはオリジナルテープの全内容を含むこともあるし，または概要のみを記したものの場合もある。

> 貴重なテープや重要なディスクを守る最善の方法はバックアップコピーの作成である。バックアップは，媒体の老朽化や自然災害において読み取りが不

> 可能になったマスタテープやディスクの情報を取り戻すための唯一の方法となるかもしれない。

## 4　マイグレーション

　新技術の登場とともに，情報を記録するさまざまなフォーマットが消えていく。この20年間に，8トラックテープ，ベータビデオテープ，1/2インチビデオテープ，3インチ・5 1/4インチ・8インチフロッピーディスクなど，数え切れないほどの記録フォーマットが旧式化していった。

　これらの記録を読み取るための機器が消え，代わるものがない場合には，記録された情報へのアクセスは制限される。情報へのアクセスを保証するためには，再生機器が利用できる間に，古いフォーマットを安定性のある技術のもとに複製しなければならない。

> 保護対象となるすべての機械可読レコードのフォーマットについて十分な知識を得ておく。

## 5　保管

- ◆ テープとディスクは磁場から離す。テープを電気製品の上に積み重ねてはならない。
- ◆ 保管場所は清潔にし，埃を寄せ付けないようにする。埃は水分を引きつけて閉じ込めるため，テープに加水分解を引き起こす。長期的にみた場合，加水分解はテープによく生じる深刻な劣化原因である。また，埃によりテープに取り返しのつかない損傷が生じることがある。埃には研磨性があるため，テープ表面とテープレコーダーの磁気ヘッドの間に生じる圧力により，テープのバインダーとテープレコーダーの磁気ヘッドに傷がつくことがある。
- ◆ オープンリールやカセットテープを直射日光にさらしてはならない。

- ◆ オープンリールとカセットテープは垂直に置く。リールはハブで支える。
- ◆ 品質の高いオープンリール，カセット，容器，付属品類を使用する。
- ◆ オープンリールテープにはテープ保護用カラーを使用する。
- ◆ 品質の悪い板紙（酸性紙であることが多い）で作った封筒や箱，または塩素を含むビニル製の箱に入れてテープを保管しない。

ディスクは垂直に立てて保管する。

## 6 望ましい保管環境

- ◆ テープの保管場所は涼しく乾燥していなければならない。温度15±3℃，相対湿度30～40%が安全かつ実用的な保管条件である。過度の熱や寒気は磁気媒体に損傷をあたえる。
- ◆ 相対湿度が40%を超えると，テープのバインダー部分の劣化が加速される。
- ◆ テープを急激な温度変化にさらさないようにする。保管場所と利用場所の温度差が8℃を超える場合には，利用場所の環境に慣らすために，温度差10℃を超えるごとに4時間の調整時間をとる。

# 第3節　光媒体

## 1　レーザーディスク

　レーザーディスクは1978年に登場し，その多くはガラスまたはプラスチックでできた12インチ（30センチメートル）のディスクである。多数のピットが表面に刻まれており，レーザー光線を表面に直接あてることで読み取りがなされる。反射した光線が規定のアナログ信号に変換される。

## 2　CD-ROM

　CD-ROM（読み取り専用コンパクトディスク）は1980年代半ばに普及したオーディオ CD から生まれたもので，その物理的な寸法や性質は同一である。大きな違いは，オーディオ CD が音声データしか記録できないのに対して，CD-ROM は音声データ，コンピュータデータ，動画・静止画データを記録できることである。

　成形されたプラスチックディスク上に，らせん状にピットが刻まれ，そこにデータが記録される。アルミニウムの反射膜に CD ドライブからレーザーが照射され，コード化された情報を読み取る。プラスチック基板上に記録されたデータが損なわれないように，表面のラッカーコート層が保護している。

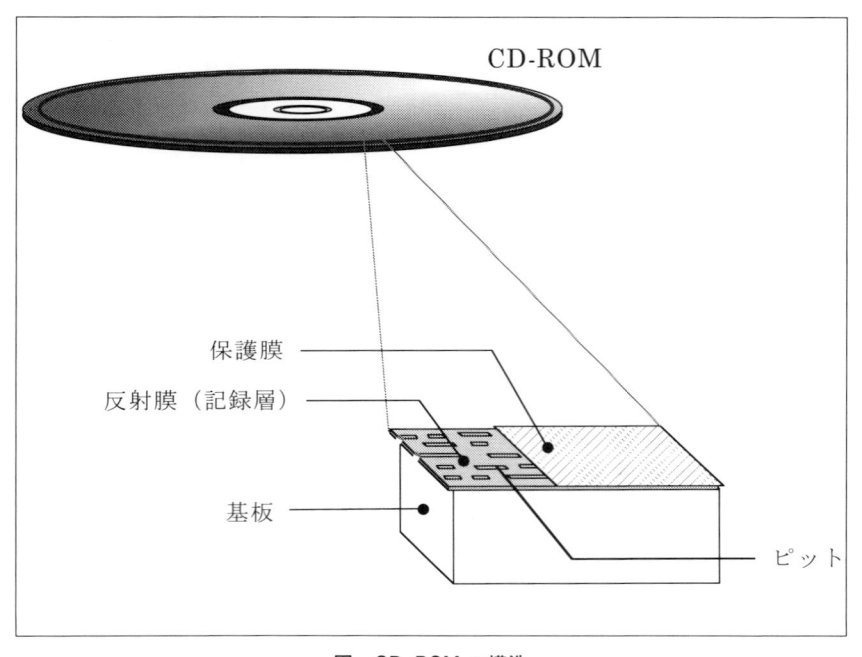

図　CD-ROM の構造

## 3 取り扱い

　強く曲げたり，先のとがったものを表面にあてるといった取り扱いが，光ディスクに最も悪影響をあたえる。そうした取り扱いをすると，基板が変形したり，ピットが破壊されるので，ディスクが読めなくなってしまう。先のとがった筆記具，例えばボールペンなどを使うと，ポリカーボネート製の基板と金属反射膜をペン先で押しつぶしてしまうことがある。ディスクドライブの中にディスクを放置してはいけない。手で取り扱う場合には，起毛していない手袋をはめる。

## 4 ラベリング

　種類を問わずラベルを光ディスクに貼ると物理的なバランスが悪くなり，プレイヤーで再生できなくなることがある。また，湿るとラベルがはがれることもある。しかし，いったん貼ってしまったラベルについては，はがそうとしないことが極めて重要である。ラベルをはがそうとすると，てこの作用で小さな場所に力が集中する。そうした力が加わると層が割れて剝離してしまうことがある。特に書き込み可能なCDで生じやすい。ディスク表面に記述が必要な場合には，他の筆記具より，柔らかいフェルトペンが望ましい。しかし，油性マーカーを使うと溶剤が保護用のラッカーコート層に染み込んでしまうことがある。

## 5 クリーニング

　クリーニング溶剤を使うのは避ける。軽い埃や汚れは研磨性のないレンズティッシュで安全に払い落とすこともできるが，さらに望ましいのはエアブラシである。常にやさしくディスクの真ん中から外側へと拭いていく。円状にではなく，放射線状に（車輪のスポークのように）拭いていく。

## 6 保管

　多くの製造業者や販売店で提供されているアクリルケースは，CDを傷，埃，

光や急激な湿度変化から保護するのに役立つ。個々にケースに入れたCDを，密閉された箱や，引出し，キャビネットに入れて保護する。こうすることにより，光や埃，気候の変化から，さらに確実に保護することができる。製造業者がケースパッケージの中にインデックスカード等を入れている場合には，それも保存する。

## 7　望ましい保管環境

　光ディスクは，埃のない，涼しくて（温度20℃以下），適度に乾燥した（相対湿度40%）ところで保管しなければならない。暖かく湿った状態で保管すると，金属の反射膜が酸化して暗色化し，ほとんど反射しなくなるとともに，ポリエステルの基板と保護膜も劣化する。直射日光のもとにディスクを置いてはならない。

# 第7章　媒体変換

**なぜ媒体変換するのか？**

　どこの図書館においても，蔵書の損耗を防ぎ劣化を遅らせるための行動をおこすことができる。

　しかし，人手がかかり費用もかかる修復保存手当てを施すことができる図書館は少ない。資料の内容をより安定した別の媒体へ移し替え，その内容を保存する媒体変換は，そうした図書館がとりうる唯一の措置であり，また保存措置としてはそれで必要にして十分である場合が多い。

　媒体変換に関する諸問題や方法，技術などを詳細に論じた文献は数多く刊行されているので，ここでは最も基本的な事柄についてまとめておく。また，変換する媒体に主たる関心をおく。なお変換作業時に，変換される情報が記録されている図書や文書を手荒く取り扱ってはいけないことはいうまでもない。

> 媒体を変換する場合は，作業中に元の資料を傷めることがないよう十分注意する。例えば，資料の適切な取り扱い，変換作業前後に資料を一次的に置いておく保管場所，変換作業を行う部屋の温湿度をはじめとする環境に注意を払う。マイクロ化あるいはデジタル化によって媒体変換するために，製本された資料を撮影する場合は，資料を無理やり開くことなく支えて置けるような書物台を用いる。

図書館・文書館資料はさまざまな理由により媒体変換される。
- ◆資料の内容を保存するため。
- ◆利用による原資料の損耗を少なくするため。
- ◆場所を節約するため。劣化したり，ひどく壊れたりした資料のうち，資料

に現物としての価値がなく，その内容さえ残ればよいものであれば，廃棄してもよい。
- ◆利用を促すため。マイクロフィルムや電子媒体は，複製を作成して外部に頒布することができるので一度に複数の人が利用できる。
- ◆原記録が損傷したり，盗まれたり，破壊されたりすることに備えて，セキュリティの観点から複製を作成しておくため。

媒体変換が保存措置として本当の意味で成果をあげられるか否かは，全国規模，世界規模での相互協力にかかっている。

例えば，欧州マイクロ資料マスタ登録簿 (EROMM: European Register of Microfilm Masters) のようなプロジェクトを立ち上げる必要があるだろう。EROMMとは，欧州の有力図書館が所蔵するマイクロ資料のデータベースである。EROMMのレコードを見れば，どの資料がどこの図書館でマイクロ化されたかがわかるため，重複してマイクロ化することを避けられる（別々の図書館で同一の新聞をそれぞれにマイクロ化することは，貴重な資源の無駄づかいである。隣町の図書館に良好な状態で保存されているにもかかわらず，同じ雑誌を媒体変換しようとすることもまた同様である）。

さらに，どの資料を媒体変換すべきか，どこの図書館が媒体変換すべきかを，図書館間で協力して計画し調整することも必要である。すでに多くの手引書が刊行されており，媒体変換する資料の選択や媒体変換プログラムの立ち上げの際に司書の役に立つであろう。

一般的には次の点を考慮する必要がある。
- ◆資料またはコレクションは他では見られない独自のものか，あるいは希少価値の高いものか？
- ◆図書館内または外部にその資料と同一のものがないか？
- ◆その資料に何らかの処置を施す必要はないか（例えば，用紙がすでに強い酸性を示していたり脆くなったりしていないか，またはそうした状態にな

りつつはないか）？
- ◆資料を買い換えることはできないか？
- ◆頻繁に利用される，あるいはそうなりそうな資料か？
- ◆元の装丁のまま保存する必要があるか？
- ◆どこか別の図書館ですでに媒体変換されていないか？

## 原資料の損耗を減らす

　原資料の損耗を少なくすることを目的とした媒体変換の場合，変換作業中にも資料が傷まないように細心の注意を払わなければならない。媒体変換の作業中は，何度も開閉したり，めくったりといった大きな負担を資料にかけるため，損傷する危険が増す。

## 媒体を選択する

　媒体変換には主に次の3つの方法が用いられる。
- ◆コピー（電子式複写）
- ◆マイクロ化
- ◆デジタル化

　それぞれ一長一短があるが，目的に応じて使い分けることができる。いずれの方法も現在のところ図書館にとってそれなりに有益である。

# 第1節　コピー（電子式複写）

　コピーによる媒体変換は，必ずしも完全な保存方法ではない。というのは，通常，コピー用のマスタ版が作成されないために，別のコピーを作成することができないからである。しかし，欠頁や欠損部分を補う場合にはとりわけ役に

立つ。
- ◆印刷された逐次刊行物の破損・欠号部分をコピーして製本し開架書架に並べることができる。
- ◆資料の劣化が進みこれ以上利用すると壊れてしまう危険性があり，しかも，フィルムではなく印刷形態の代替物が望ましいにもかかわらず商業出版社からは代替物を入手できないという場合にも，コピーを作成する方法が用いられる。

いずれの場合にも，パーマネントペーパーを用いて最高品質のコピーを作成することが肝要である。

> 壊れそうな資料や貴重書，製本された資料からコピーをとる場合，資料を伏せてとるような通常の複写機を使用しない。

## 1　長所

- ◆コピーする際に複写機が必要なだけで，複写されたものを読むのに特別な機器がいらない。
- ◆原資料と同形態の，紙に印刷された資料が得られる。
- ◆一般に他の手段と比べて費用がかからない。特に原資料が白黒の文献の場合は低コストである。
- ◆新聞のようにかさばる文献は例外であるが，利用者はマイクロフィルムより紙のコピーを好む。

## 2　短所

- ◆一般にコピーからさらにコピーを作成した場合，その品質はマイクロフィルムから紙に電子式引伸し（紙焼き）をしたものよりも劣る。
- ◆コピーからコピーを作成するのにかかる費用は，マイクロフィルムから紙に電子式引伸しをする費用よりも高い。
- ◆一部の情報が失われる。線よりも図版の場合に，特に情報の損失が多い。

◆原資料も保存する場合は，収蔵場所を増やさなければならない。

## 3　コピー用紙，トナー，複写機

### 用紙
　規格 ANSI Z39.48-1992 または ISO 9706 の要件を満たすパーマネントペーパーを用いて，白黒複写機でコピーを作成する。カラーコピーは長期的安定性に欠ける。

### トナー
　トナーの品質と用紙への定着性についても考慮しなければならない。トナーはカーボン・ブラックを推奨する。複写機のメンテナンスをしっかり行い，用紙にトナーを定着させるために適切な温度が維持されるようにしなければならない。コピーしたばかりの画像が擦るとぼやけてしまうような場合は，用紙に画像が適切に定着されていないので複写機の調整が必要である。

### 複写機
　図書館でよく利用されている原稿台がフラットベッドタイプの複写機で，製本された資料のコピーを作成すると，資料の綴じに大きな負担をかけるためどうしても資料が傷む。資料を上向きにしたままコピーできる複写機が望ましい。コピーだけでなく，テキストや画像のデジタル化もできる上向き複写機が販売されている。上向き複写機はよく開かない資料の画像をきれいに写し取ることにおいて，大きな可能性を秘めている。

## 第2節　マイクロ化

### 1　マイクロ化の工程

マイクロ化については，広範囲にわたり規格が制定されている。フィルムの作成と保管のあらゆる側面が取り扱われている。

保存のためのマイクロ化は，多くのステップを踏んで行われる。
- ◆ 資料選択
    どの資料をマイクロ化するか明確な基準に基づいて判断する。
- ◆ 撮影準備
    資料が完全に揃っているかどうか点検する。ページをクリーニングし，補修する。タイトルや縮小率などの関連情報を示す「ターゲット（指標）」を作成する。
- ◆ 撮影
    基本的な手順は写真撮影と同じである。
- ◆ フィルムの現像
    露光済みのフィルムを，長期保存のための規格に基づいて現像処理する。現像後は，フィルムが十分に水洗されて現像液が残留していないかどうか検査する。
- ◆ 検査
    現像処理が終わったら，フィルムに黄色・褐色の斑点（ブレミッシュ）が生じていないか，読みやすいか，撮影洩れがないか，などの点について検査する。
- ◆ 書誌作成

書誌を作成して機械可読目録（MARC）に掲載することで，フィルムの利用を促進しマイクロ化の重複作業を避ける。

## 2　マイクロ撮影業者

　館内でマイクロ撮影の体制を整えるよりも，民間のマイクロ撮影業者を利用したほうが経済的であることが多い。ただし，どのマイクロ撮影業者を利用するにしても，その技術や製品を評価した上で利用することが肝要である。

- ◆他機関，特に文書館に相談して，マイクロ撮影業者との仕事の経験を教えてもらう。
- ◆製本された資料や脆くなった資料，大型資料の撮影に関してどのような経験があるか，候補となる業者に尋ねる。
- ◆少なくとも3機関に経験を照会する。
- ◆照会先の機関に連絡をとり，マイクロ撮影業者がどのように資料を取り扱っているか，納期を守るか，修正部分の再撮影にどのように応じているか，について確認する。
- ◆撮影者の作業を点検する。作業基準，手順，セキュリティについて尋ねる。
- ◆業者と契約書を作成する。
- ◆撮影見本を要求する。

## 3　長所

- ◆十分な実績——図書館資料は1930年代からマイクロ形態に複製されてきた。
- ◆技術的問題の大部分がすでに解決されている。
- ◆撮影，現像処理，保管についての規格が数多くある。
- ◆マイクロフィルムは比較的安価に作成，複製，頒布することができる。
- ◆高品質のフィルムを使ったマイクロならば，そこからデジタル化が可能である。
- ◆フィルムは非常に小さく，スペースが節約できる。

## 4　短所

- ◆利用者からの反対。図書館のマイクロフィルムリーダは性能が悪く，快適に操作できるよう設計されているのものは少ない。
- ◆フィルムを利用するために利用者は自分で
    - ——フィルムを探し，
    - ——フィルムリーダに装填し，
    - ——求める画像をみつけるために，フィルムを巻いて多くの画像をやり過ごさなければならない。
- ◆求めるフィルムが図書館にない場合，取り寄せに数週間かかる時もある。
- ◆取り扱いによりフィルムに傷がつくことがある。
- ◆フィルムからフィルムへの複製を繰り返すごとに解像度が落ちる（約10パーセント）。
- ◆フィルムから紙への電子式引伸しは低品質な場合がある。
- ◆フィルム作成にかかわる各種の条件を管理するのが難しい。
- ◆撮影が終わってみないと画像の品質がわからない。
- ◆撮影不良のページは再撮影し，フィルムを接合しなければならない。

## 5　マイクロフィルムの種類（感光材料の違いによる）

### 銀-ゼラチンフィルム

　長期保存用のマスタネガフィルムの作成に適するのはこのタイプだけである。オリジナルであるマスタネガフィルムの保管は，完全に区画を分けて厳格に管理された環境のもとで行う。製作したマスタネガフィルムから複製フィルムを作成し，その複製フィルムを利用フィルムとして活用する。マスタネガフィルムは閲覧には使用しない。複製フィルムの作成に使う。

### ジアゾフィルム

複製フィルムとして用いられる。ジアゾフィルムからは紙への電子式引伸しのほか，複製フィルムを作成することもできる。

### ベシキュラフィルム

閲覧や貸出に使用するポジの複製フィルムを作成することができる。

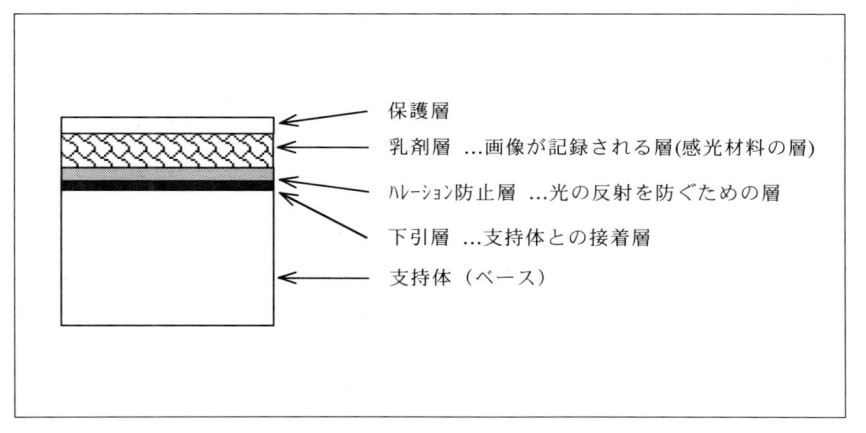

図　マイクロフィルムの構造

> ポリエステル・ベースのジアゾフィルムあるいはベシキュラフィルムは長期的な保存用のフィルムには適さない。しかし適切な環境のもとで保管すれば25～100年ぐらいは利用できるだろう。

## 6　望ましい保管環境

「第5章　写真およびフィルム媒体資料」で取り上げたフィルム媒体資料のための保管条件の大部分がマイクロ資料にもあてはまる。

図書館が現在所蔵しているマイクロフィルムの多くはセルロースアセテート・

ベースのものである。支持体がセルロースアセテート・ベースのフィルムは化学的に分解して酢酸臭を発し、最後には収縮して乳剤層が損なわれてしまう。セルロースのフィルムはどれも劣化しやすい。劣化は初めゆっくりと進行するが、あるレベルを超えると急激に進行する。フィルムのベースの劣化は加速度的に進行し、温湿度の変化に著しく左右される。

　よくいわれることであるが、白黒の銀-ゼラチンフィルムは、適切に現像処理し保管すれば、およそ500年利用できる。比較的早い段階で劣化が進んでしまう紙の原資料よりもはるかに長い寿命を持つ。しかし、現像処理や保管状況が適切でないと、フィルムの寿命は短くなる。

> マイクロフィルムは規格 ISO 5466 に基づいた環境のもとで常時保管する。

- ◆マスタネガフィルムは、耐火保管庫(耐火金庫は適正な湿度を維持できないので勧められない)に入れ、塵埃や大気汚染物質を避け、温度を18±2℃、相対湿度をセルロースアセテート・ベースの銀-ゼラチンフィルムの場合は20〜40%、ポリエステル・ベースの銀-ゼラチンフィルムの場合は30〜40%に常時維持した状態で保管しなければならない。
- ◆ジアゾフィルムを用いた複製フィルムやベシキュラフィルムを用いた閲覧用複製フィルムは、より緩やかな条件のもとで保管することができる。とはいえ、フィルムの寿命を延ばすためには、涼しく乾いた環境で保管したほうがよい。
- ◆いずれの場合においても、温湿度の急激な変化は避けなければならない。
- ◆ジアゾフィルムでは画像の退色が起きやすい。光により退色が進むため、暗いところに保管し、利用しない時は常に包材の中に入れておく。
- ◆ベシキュラフィルムはマイクロフィルムリーダに付着する埃や熱により特に影響を受けやすいため、フィルムリーダを清潔に保ち、高熱が発生しないように管理しておくことが重要である。
- ◆包材は酸性物質や酸化・還元を促す物質を含まず、規格 ANSI IT9.2-1991 で定められ写真活性度試験(PAT)に合格したものを使用する。

> マイクロフィルムリーダや複写機は，フィルムに傷や沈着物をつけないように，清掃を常にこころがける。利用者には，フィルムを傷めないよう注意して取り扱うように指導する。

## 第3節　デジタル化

### 1　デジタル化とは？

　デジタル化とはコンピュータ技術を用いて画像を取り込み，保管する方法のことである。

　デジタルカメラまたはスキャナーを使って電子的に画像を取り込み，画像を0と1からなる2進コードでできたデータに変換する。こうして作成されるデジタル画像は，コンピュータの画面上で見たり，紙に印刷したりすることができる。またデータは磁気記録媒体や光記録媒体に記録され保管される。ただし，デジタル画像として取り込まれた文字情報は，文字コードに変換しないとテキスト検索が行えない。

### 2　光学式文字認識（OCR）

　OCRソフトを使えば，画像としてスキャナーで取り込んだ印刷物の文字情報を，文字コードからなるテキストデータに変換できる。テキストデータであれば，ワープロソフトによる編集が可能になる。しかし，残念なことにOCRの文字認識は完全でないため，誤って変換された文字を修正するのに時間がかかる。さらに，OCRソフトは原資料の持つ書体情報やページレイアウト情報を残すことができない。

## 3　長所

- ◆ デジタル化により，世界中の大勢の人々に対して迅速に資料を提供できる。
- ◆ 画像を電子的に修復したり画質をよくすることができる。
- ◆ 利用者に高品質なコピー複写を提供できる。
- ◆ 検索システムにより，情報探索が容易になる。
- ◆ デジタル画像は，複製を繰り返しても画像が劣化しない。
- ◆ デジタル画像は，利用により劣化しない。

## 4　短所

- ◆ デジタル化やその利用に必要なシステムを維持するには相当な経費がかかる。
- ◆ コンピュータの画面上に表示されたものであれ，紙に印刷されたものであれ，デジタル画像は原資料の代替物として法的にはいまだに認められていない。
- ◆ 多くの領域で標準化がなされていない。
- ◆ デジタルによる長期保存が可能だとはいまだに認められていない。――絶えず点検し，ある時点または定期的に，媒体変換やデータ移行を行う必要がある。
- ◆ 利用のための機器類が陳腐化し，情報を読み出せなくなる。
- ◆ 急速に低下しているとはいえ，デジタル画像の製作費や格納媒体の価格はまだかなり高額である。
- ◆ 高解像度の保存用画像を作成しデータを格納するには時間がかかる。また，画質がよくなるにつれてコストも高くなる。
- ◆ カラー画像は複製費用が高額である。

## 5　陳腐化の問題

光・磁気記録媒体と，それを再生するためのハードウェア，ソフトウェアに

用いられている技術の寿命が大きな問題となっている。これはマイクロ化を媒体変換の手段として考えていた時には生じなかった問題である。

　コンピュータのハードウェアとソフトウェアはめまぐるしく変化しており，定期的に新しいバージョンが登場する。そのうえ，技術も変わる。図書館で現在使われている技術の多くは，将来は使えなくなっているであろう。ハードウェアの部品はもはや製造されていないだろうし，また古いソフトウェアも新しい機器の上では動かないであろう。図書館で保管された光ディスク上の情報は，25年後にはもはや読み出すことができなくなっているかもしれない。まして100年後には間違いなくそうした問題が生じるであろう。

　ハードウェアの陳腐化に対処するためには，新たな技術が標準となるたびに，磁気記録媒体や光記録媒体に記録した保存用データを，新技術に対応して「移行」しなければならないであろう。

> 磁気または光記録媒体 ──例えばハードディスク，フロッピーディスク，磁気テープ，CD-ROMなどは，本質的に不安定な媒体であり，破損しやすく，他のすべての媒体と同様に製造されるとすぐにその直後より劣化が始まる。

## 6　デジタル化とマイクロ化の組み合わせ

　今後10年間は，保存のためにマイクロフィルムマスタを作成し，利用のためにデジタルマスタを作成する方法が，望ましい保存方策であろう。一般的に，マイクロフィルムを先に作成する方法が今のところ好まれている。

　しかし，コンピュータ技術の急速な進展により機器の精度は上がっており，マイクロフィルムと高解像度のデジタル画像を同時に，しかも低コストで作成することができるようになっている。簡便なアクセスに対する要求は大きくなる一方であり，遅かれ早かれデジタル技術が優勢になると思われる。しかしながら，標準規格が定着するまでは，保存のためにデジタル技術を用いることには疑問が残る。

# 第8章　用語解説

　以下は本文中で使用されている用語を定義したものである。普通の辞書には掲載されていない専門的なものも含んでいる。

**間紙（アイシ）　interleaving**
　紙その他の材料で資料を劣化要因から隔離して保存する方法をさす。例えば酸の移行を防ぐために，酸性を示す資料の間にアルカリ緩衝剤を含んだ紙をはさむことが，しばしば推奨される。

**アーカイバル品質　archival quality**
　定義が曖昧な言葉だが，材料や製品が耐久性に優れ，化学的に安定で，長期間にわたりその特性を保ち続けるため，資料保存用途に使用できる，という意味で使われる。しかしその品質を定量的に示すことはできず，どれだけの期間，特性を保持すれば「アーカイバル」な製品といえるのかという基準も存在しない。「パーマネント」という用語が同じ意味合いで使用されることがある。

**アクリル　acrylics**
　透明性・耐候性・色の堅牢性に優れたプラスチック。化学変化に強いため，資料の保存用材料としても重要な地位を占めている。アクリルは，シート，フィルム，接着剤の材料として使われる。紫外線吸収アクリルシートはガラスの代わりとして展示ケースに使われる。ガラスより割れにくく，添加された紫外線吸収剤によりケース内に置かれた資料の紫外線劣化を防ぐ効果がある。

**圧着テープ　pressure-sensitive tape**
　「接着テープ」の項を参照。

## アルカリ　alkali
化学的には水溶液中で水酸化物イオン（OH⁻）を形成する物質をさす。アルカリ成分は，紙などの中に存在する酸を中和したり，将来発生する恐れのある酸から資料を保護するアルカリ緩衝剤（アルカリ・リザーブまたはアルカリ・バッファー）として添加される。

## HVACシステム　HVAC
建物の冷暖房（heating），換気（ventilating），空調（air conditioning）を管理するシステムの略称。

## エンキャプシュレーション　encapsulation
紙やシート状の資料を保護するために他のもので封じ込めること。資料を2枚の（もしくは一辺がつながった）透明シート（通常ポリエステル製）の間に置き，その後4辺を閉じる。資料をさらに安定した状態に保つためにアルカリ性の緩衝紙や板紙を一緒に入れることもある。

## 化学的に安定　chemical stability
ある物質が化学的には容易に分解されず，変化を起こしにくい性質をもつこと。資料を保存するために使われる材料に求められる要件である。例えば紙の場合，閲覧時や保管時に，さまざまな環境にさらされても脆弱化が起きにくいことを意味する。化学的に不活性ともいう。

## 加水分解　hydrolysis
水との相互作用により有機化合物が分解すること。分解反応は分子結合を弱めたり壊したりし，物質の脆弱化や退色を引き起こす。

## カビ　mould
カビの胞子は大気中や資料の上に常に存在し，適度な温湿度の環境が整えば，いつでも発芽し，成長し，いわゆるカビとなって増殖する。カビはたいていの図書館資料の汚れや劣化の原因になる。

**光化学的劣化** photochemical degradation
　光が原因で引き起こされ進行する劣化や変質のこと。

**コンサベーション** conservation
　資料の物理的・化学的な構造に直接働きかけて劣化を遅らせ寿命を延ばす手段をさす。例としては破損した製本の補修や紙の脱酸性化処置などがあげられる。

**酸** acid
　化学的には水溶液中で水素イオン（$H^+$）を形成する物質をさす。紙・板紙・布のセルロースは酸を触媒とする酸加水分解により劣化する。酸は紙などの製造過程で添加されたり，元々の原料段階から存在することがある。また他の酸性を示す物質や大気汚染物質から移行する場合もある。

**酸化** oxidation
　原子から電子が失われるあらゆる反応をさす（酸素は必ずしも存在しなくてよい）。セルロースが酸化すると酸が形成され，加水分解の触媒になる。接着剤やプラスチックのような重合体が酸化すると化学変化が起き，それが資料の脆弱化や退色をもたらす。初めから資料に含まれる不純物や，隣り合った資料の不純物，大気中の汚染物質などにより酸化が引き起こされることもある。

**紫外線** ultraviolet (UV)
　UVと省略される。可視光線よりも波長が短く，高いエネルギーをもつ電磁波（紫外線は可視光線とともに光の構成要素である）。紫外線は絶えず資料を劣化させる。紫外線を除去することは劣化の進行を遅らせるのに役立つ。

**自記温湿計** thermohygrograph/hygrothermograph
　温度と相対湿度を記録する機械式もしくは電子式の測定器具。温湿度記録計ともいう。

## 重合体　polymer
小さな単位であるモノマー（単量体）の連なりから成り立つ物質のこと。単量体であるエチレンが比較的単純につながったポリエチレンのようなものと，アクリルのように比較的複雑なつながりをもつものとがある。

## 接着テープ　adhesive tape
紙・布・その他のシート状の材料を基材とし，接着層をもつテープ。通常は圧力か，熱または水分をあたえることにより接着する。特に圧着型のテープを長期保存の資料に使用することは避ける。接着剤が劣化して黄変するし，資料に付着した接着剤がとれなくなる。

## セルロース　cellulose
化学的には複雑な構造をした炭水化物である。植物の細胞壁の主成分であり，紙や板紙のほか，麻や綿のような繊維植物を用いた製品の主成分になる。西洋では伝統的に，紙の材料のセルロース繊維を麻布や綿布から得ていた。セルロース繊維の原材料として木材が大々的に使われるようになるのは1850年以降である。

## 糊　paste
米や麦の粉，もしくはその澱粉からつくられた接着剤。

## 媒体　medium/media
情報が記録されているもの。画像を記録するのに使用される基材そのものをさすこともある。

## バッファー　buffer/buffering
緩衝剤，緩衝作用
「アルカリ」の項を参照。

## パーマネント　permanent
「アーカイバル」の項を参照。

「パーマネントペーパー（耐久用紙）」という場合，認定された基準に沿った紙をさし，無酸で，化学的・物理的変化に対し一般の紙より高い耐性を示すものでなければならない。

pH（ピーエッチ）
化学的には水溶液中の水素イオンの濃度を示し，その度合いによって，酸性やアルカリ性という。

フォクシング　foxing
紙の上に点在する錆び色のしみ。

プリザベーション　preservation
図書館や文書館の資料そのものと，その中の情報を保存していくための保管や配架の基準，職員の配置，保存政策や技術に関連する管理的・財政的な考慮の一切。

ブリトル　brittle
曲げたり折ったりすると壊れてしまう状態のこと。図書などの劣化調査の場合，紙の角をしっかりと2往復（4回）折ると破断する時，「ブリトル」な紙という。

ポリエステル　polyester
ポリエチレンテレフタレートの通称。プラスチック。無色透明，耐伸長性，化学的安定性に優れる（塗工や添加物のない場合に限る）。シートやフィルムの形態で，フォルダー，エンキャプシュレーション，図書のジャケットや接着テープに使われる。

ポリエチレン　polyethylene
純粋なものは化学的安定性に優れたプラスチック。フィルム形態で写真資料のための透明封筒等に使用される。ポリエステルフィルムの安価な代用品のひとつでもある。

**ポリ塩化ビニル**　polyvinylchloride
　通常「PVC」もしくは「ビニール」とよばれるプラスチック。他のプラスチックに比べ化学的安定性が低く，セルロース物質を劣化させる酸性成分を放出する。PVC を柔軟にするために可塑剤が添加されるが，これも図書資料の劣化原因となる。

**ポリプロピレン**　polypropylene
　純粋なものは化学的安定性に優れたプラスチック。フィルム形態で写真資料のための透明封筒等に使用される。

**無酸**　acid-free
　酸を含まず，pH が 7（中性）もしくはそれ以上（アルカリ性）という意味で使われる。

**リグニン**　lignin
　樹木に含まれる一成分で，セルロースとともに細胞壁中に存在し，植物組織の強度や堅牢性の保持に大きな役割を果たしている。だが紙や板紙に含まれるリグニンは，資料の化学的劣化をもたらすとも考えられている。木材パルプは多量のリグニンを含んでいる。リグニンは機械パルプの生産過程では分離されないが，化学的手段によりおおむね除去できる。

**ルクス**　lux
　照度を表す単位。1 ルクスは 1 平方メートルあたり 1 ルーメンの光の束があたっている状態。読書や作業に適し，図書資料にも悪い影響をあたえない照度を考える場合は，電球のワット数より，資料表面にあたる光の量を考えるべきである。

# 第9章　参考文献

## ◯第1章　序論

- 安江明夫，木部徹，原田淳夫編著『図書館と資料保存―酸性紙問題からの10年の歩み』雄松堂出版　453p.（1995）（雄松堂ライブラリー・リサーチ・シリーズ１）【1990年代前半までの代表的な論文・記事が収録されている基本文献集】
- 竹内秀樹「Ⅴ．図書館資料論　資料保存」『図書館界』53(3) pp.345-354（2001）【1993年以降の資料保存活動のレビュー記事で参考文献が豊富】
- 日本図書館協会資料保存委員会編『資料保存ワークショップ記録集―資料はいつまで利用できるのか』日本図書館協会　147p.（1995）【国内の大学・公共図書館における資料保存活動の事例報告が中心】
- 『目で見る「利用のための資料保存」』【資料保存の考え方の基本をコンパクトに紹介】（後掲「シリーズ本を残す」参照）
- 蛭田廣一「第5章　資料の保存」三多摩郷土資料研究会編『地域資料入門』日本図書館協会　pp.209-253（1999）（図書館員選書 14）【地域資料に限らず公共図書館の実務に活かしやすい資料保存入門】
- 都立多摩図書館書庫対策委員会「ふえ続ける資料をいかに保存するか―資料収蔵対策と保存方針」『とりつたま館報』16 pp.28-31（2000）【使命に沿った保存のための実際的分担方針を紹介】

## ◯第2章　セキュリティと防災計画

- 日本図書館協会資料保存委員会編『災害と資料保存』日本図書館協会　159p.（1997）【国内の事例のほか，IFLA 資料保存分科会監修「図書館の災害対策」（1995）の邦訳も収録】
- 小川雄二郎監修『図書館・文書館の防災対策』雄松堂出版　260p.（1996）（雄松堂ライブラリー・リサーチ・シリーズ２）【海外の事例が中心で武力紛争についての事例も収録】
- 小林昌樹他「特集　図書館の危機管理」『現代の図書館』40(2) pp.59-111（2002）【自然災害，暴力，亡失，個人情報保護など幅広く論じている】
- 全国歴史資料保存利用機関連絡協議会防災委員会編『文書館の防災に向けて』全国

歴史資料保存利用機関連絡協議会防災委員会　50p．（1998）【写真を多用した防災実務のわかりやすい手引きで，図書館にも適用可能な部分が多い】
- 小川雄二郎『文書館の防災を考える』岩田書院　95p．（2002）（岩田書院ブックレット　6）【防災対策に取り組み始めるときに必要な基本的知識（図書館と共通する内容が多い）が得られる】
- 国立大学図書館協議会防災と災害時緊急対策調査研究班『防災と災害時緊急対策調査研究班調査報告』国立大学図書館協議会　47p．（1996）（総会資料　No.43-7）【大学図書館実務者によるアンケート調査報告，防災対策チェックリストも収録。<http://wwwsoc.nii.ac.jp/anul/hokokusho.html>にも掲載】
- 中川健二「神戸商船大学附属図書館における阪神淡路大震災—被災と支援」『大学図書館研究』49　pp.9-22（1996）【災害時のマネジメントの難しさを論じている】

## ○第3章　保存環境

- 『図書館・文書館における環境管理』【環境管理に関する総合的な概説書】（後掲「シリーズ本を残す」参照）
- 資料保存委員会・基礎技術WG「—酸性紙問題を，もういちど—（Back to the future）1～3」『ネットワーク資料保存』40-42（1995）【図書館の環境管理の前提となる基本的な考え方の紹介】
- 佐野千絵，木川りか，山野勝次，三浦定俊「文化財の生物被害防止のための日常管理」『月刊文化財』463　pp.26-35（2002）【環境管理における外部との連携，内部研修の必要性などマネジメント面についても言及している】
- 長屋菜津子「愛知県美術館の虫菌害対策」『愛知県美術館研究紀要』6　pp.5-29（2000）【具体的な事例報告で，専門業者への外注のための仕様書や被害対応記録なども収録。<http://www-art.aac.pref.aichi.jp/japanese/highlights/h_lights.html>にも掲載】
- 木川りか，三浦定俊，山野勝次「文化財の生物被害対策の現状—臭化メチル燻蒸の代替対応策について」『文化財保存修復学会誌』44　pp.52-69（2000）
- 文化財研究所東京文化財研究所編『文化財害虫事典—博物館・美術館におけるIPM（総合的害虫管理）推進のために』クバプロ　231p．（2001）

## ○第4章　伝統的な図書館資料

- 木部徹「近・現代紙資料群への保存手当て—①新しい方法論の必要性，—②まず予防，つぎに代替」『Better Storage』141-142（1997）【保存手当ての専門家による紙資料手当ての総論】

- 木部徹「近・現代の紙資料を残すために―方策の再検討と提案」『図書館雑誌』93(5) pp.361-363（1999）【大量脱酸サービス稼働後の環境下での基本的な手当ての考え方を提示】
- 増田勝彦，岡本幸治，石井健『西洋古典資料の組織的保存のために―第1回西洋古典資料保存講習会から』一橋大学社会科学古典資料センター　52p.（2001）（一橋大学社会科学古典資料センター　Study Series 47）【保存技術だけでなく，調査・計画など管理運営面も詳述】
- 小原由美子『図書館員のための図書補修マニュアル』教育史料出版会　156p.（2000）
- 『容器に入れる―紙資料のための保存技術』【保存容器の考え方と作成方法を詳述】（後掲「シリーズ本を残す」参照）
- 小高英夫「古典籍を展示する―成簣堂（せいきどう）文庫展をふりかえって」『ネットワーク資料保存』38　pp.1-4（1994）【資料の劣化防止に考慮した展示方法を具体的に紹介】
- 国立大学図書館協議会資料の保存に関する調査研究班『資料の保存に関する調査研究―最終報告』国立大学図書館協議会（1994）（総会資料 No.41-5）【国内外の資料保存のための対応策（ガイドライン），保存資料の範囲に関するアンケート調査結果などを収録。＜http://wwwsoc.nii.ac.jp/anul/hokokusho.html＞にも掲載】

## ○第5章　写真およびフィルム媒体資料

- 高橋則英「写真の保存・修復について」『日本写真学会誌』63(6) pp.311-316（2000）
- 吉田成「写真の保存の考え方と方法」『科学技術文献サービス』110 pp.11-18（1996）【技術や対症療法だけでなく考え方にも言及】
- 日本写真学会画像保存研究会企画・編集『写真の保存・展示・修復』武蔵野クリエイト　200p.（1996）【映画フィルムやマイクロフィルムにも言及しており文献案内も豊富】
- 金澤勇二『マイクロ写真の基礎Q&A』日本画像情報マネジメント協会　60p.（2002）【『月刊IM』掲載の「マイクロ写真の基礎Q and A」全60回の集成版】
- 『マイクロフィルム保存のための基礎知識』国立国会図書館（2001）【＜http://www.ndl.go.jp/jp/aboutus/data_preserve.html＞にも掲載】
- 「『マイクロわかめ事件』資料保存と運用（パネルディスカッション）」『私立大学図書館協会会報』103 pp.153-178（1995）【マイクロフィルムの劣化事例をもとに保管の現状や劣化対策などについて議論したパネルディスカッションの記録】

## ○第6章　画像・音声資料

- 紙以外の記録メディアの利用と保存に関するアンケート調査担当「紙以外の記録メディアの利用と保存に関するアンケート調査報告（第1回）」『ネットワーク資料保存』47 pp.7-10（1997）【LPレコード，磁気テープ，FD，CDについて具体的な仕組みと手当てを紹介】
- 小畑信夫「いつまで使える電子出版物」『学校図書館』538 pp.70-73（1995）【FDやCD-ROMのカビ，熱，キズ問題について実務的に論じている】
- ジェフ・ローゼンバーグ「デジタル文書をどのように残すか―電磁的なビット列で記入した文書は，必然的に消失する危険性をもつ」『日経サイエンス』25(3) pp.110-118（1995）【ビデオテープ，磁気ディスク，光ディスクの寿命予想図を収録】
- 中村登紀男「図書館におけるビデオテープの保存と管理」『図書館雑誌』86(1) pp.40-41（1992）
- 伴野有市郎「復刻版とメディアの変換と―レコードの利用と保存について」『国立国会図書館月報』356 pp.12-14（1990）【SPレコードのメディア変換にも言及】

## ○第7章　媒体変換

- 田邊征夫「複写機の歴史とコピーの保存性について」『アーカイブズ』4 pp.40-45（2000）
- 金澤勇二「媒体変換―マイクロ化　デジタル化(2)」『図書館雑誌』94(9) pp.723-725（2000）【目的に合った記録媒体の選択について論じている】
- 岡本幸治「『『メンガー文庫』の保存作業に携わって―製本家の立場から」『びぶろす』46(6) pp.1-7（1995）【西洋古典籍コレクションのマイクロ化事例の考察】
- 矢野光雄，中野美智子「図書館資料のメディア変換と情報提供サービス―岡山大学池田文庫マイクロ化の場合」『現代の図書館』29(2) pp.73-80（1991）
- 東京都立中央図書館情報サービス課特別文庫係「特別文庫資料のメディア変換と画像のデジタル化」『ひびや』150　pp.45-48（2001）【メディア変換および画像デジタル化の方針と実務を紹介】
- 大島薫「電子出版物の保存」『情報の科学と技術』50(7) pp.383-388（2000）【特集「メディアの保存と管理」の中の1篇】
- 大塚奈々絵「行政省庁のネットワーク系電子情報の保存実験」『図書館研究シリーズ』37 pp.35-90（2002）【特集「国の情報と図書館―行政情報の電子化を中心として」の中の1篇】
- 風間茂彦「『資料保存』の根源的課題＝試論＝電子図書館時代をふまえて」『現代の

図書館』36(1) pp.27-32（1998）【紙，電子出版物の保存について図書館としてどう向き合うかを論じている】
- ディアンナ B．マーカム「情報アクセスの将来―ディジタル情報の保存」『情報管理』39(2) pp.91-100（1996）【持続的な情報アクセスを可能にするための課題と提言】

＜「第7章　媒体変換」には電子出版物の保存に関する参考文献も含めた＞

○シリーズ本を残す

1　『IFLA資料保存の原則』ジャンヌ＝マリー・デュロー，デビッド・クレメンツ著，資料保存研究会訳・編　63p.（1987）

2　『デンマークにおける資料保存―その歴史と教育プログラム』ハンス＝ペダー・ペダーセン著，資料保存研究会訳・編　145p.（1989）

3　『容器に入れる―紙資料のための保存技術』相沢元子，木部徹，佐藤祐一著　73p.（1991）

4　『紙の劣化と資料保存』鈴木英治著　126p.（1993）

5　『「治す」から「防ぐ」へ―西洋古刊本への保存手当て―ダブリン・トリニティ・カレッジ図書館における資料保存』アンソニー・ケインズ，パウル・シーアン，キャサリン・スウィフト著，海野雅央，金山智子，木部徹，相沢元子訳・編　82p.（1993）

6　『目で見る「利用のための資料保存」』日本図書館協会資料保存委員会編・著　57p.（1998）

7　『図書館，文書館における災害対策』サリー・ブキャナン著，安江明夫監修，小林昌樹，三輪由美子，永村恭代訳　113p.（1998）

8　『図書館・文書館における環境管理』稲葉政満著　71p.（2001）

9 『IFLA 図書館資料の予防的保存対策の原則』エドワード・P. アドコック編集, マリー＝テレーズ・バーラモフ, ヴィルジニー・クレンプ編集協力, 木部徹監修, 国立国会図書館訳, 日本図書館協会資料保存委員会編集企画 (2003)

10 『写真の保存』荒井宏子, 吉田成, 高橋則英, 河野順一著 (2003予定)


○資料保存シンポジウム講演集　国立国会図書館編, 日本図書館協会発行

1 『蔵書の危機とその対応』88p. (1990)

報告：保存協力プログラムについて
　　　　　　熊田淳美（国立国会図書館収集部長）
基調講演：IFLA 保存コア・プログラムと保存の国際的動向
　　　　　　メリリー・スミス（IFLA-PAC 国際センター長）
講演1：紙資料の大量保存処置—脱酸と紙強化法
　　　　　　大江礼三郎（東京農工大学教授）
講演2：出版界における中性紙使用の現状—書籍製作の日常から
　　　　　　江原眞夫（白水社製作部長），坂口顯（岩波書店出版部長）
講演3：国立国会図書館における資料保存の現状とマイクロ化
　　　　　　宇賀正一（国立国会図書館収集部資料保存対策室長）

付録：IFLA・PAC アジア・オセアニア地域センターの設立
　　　　　　指宿清秀（国立国会図書館長）
付録：紙資料保存のための新しい技術
　　　　　　ゲルハルト・バニック（オーストリア国立図書館資料保存研究所長）


2 『新聞の保存と利用』198p. (1991)

特別講演：新聞保存の国際的な動向
　　　　　　ジャン・ライアル（オーストラリア国立図書館保存部長・IFLA-CDNL「逐次刊行物保存ワーキング・グループ」代表）

第1部　新聞保存の意義—つくる立場から，使う立場から
講演1：研究者から見た新聞コレクション

　　　　　　山本武利（一橋大学教授・マスコミ論）
講演2：新聞製作者の立場から
　　　　　　綾部陸雄（朝日新聞東京本社調査部長）

第2部　新聞コレクションと図書館
講演1：横浜開港資料館における新聞資料の収集と利用について
　　　　　　佐藤孝（横浜開港資料館企画調査室長）
講演2：都立日比谷図書館における新聞の利用と今後の課題
　　　　　　石井敏子（東京都立日比谷図書館新聞雑誌係長）
講演3：外国新聞の分担保存
　　　　　　大橋渉（一橋大学附属図書館）
講演4：国立国会図書館における新聞資料の保存と利用
　　　　　　多田俊五（国立国会図書館新聞課長）

第3部　新聞保存の技術的展望
講演1：メディア変換による保存
　　　　　　岩野治彦（㈱富士写真フィルム足柄研究所部長）
講演2：原紙保存技術の新しい展開
　　　　　　坂本勇（東京修復保存センター代表）

特別寄稿
1：新聞資料の保存と利用―市立函館図書館からの実例報告
　　　　岡田弘子（元市立函館図書館長）
2：秋田県立図書館の新聞保存とマイクロ化―「秋田魁新報」を中心として
　　　　高橋章五（秋田県立秋田図書館奉仕課長）
3：新聞の収集と保存―千葉県立西部図書館
　　　　鈴木忠（千葉県立西部図書館資料課長）
4：新聞の保存と利用―名古屋市図書館
　　　　山田直樹（名古屋市南図書館長）
5：沖縄県立図書館における沖縄関係新聞の利用と保存
　　　　宮城保（沖縄県立図書館奉仕課長）
6：東京大学明治新聞雑誌文庫―その設立経過と資料収集
　　　　北根豊（前東京大学明治新聞雑誌文庫主任）
7：東京大学新聞資料センターにおける新聞資料の保存・利用・今後の問題

　　　　津田勝代（東京大学新聞研究所附属新聞資料センター）
8：広島大学原爆被災学術資料センターの新聞切抜き資料
　　　　秦野裕子（広島大学原爆放射能医学研究所）
9：アジア経済研究所図書館の新聞資料
　　　　花房征夫（アジア経済研究所資料部長）
10：ELNETにおける新聞記事の保存と利用
　　　　大田康博（㈱エレクトロニック・ライブラリー営業部情報サービス課長）


3 『保存のための協力―日本で，世界で』127p.（1993）

基調講演：保存と協力―われわれは今どこにいるか
　　　　ジャン＝マリー・アルヌー（IFLA-PAC国際センター長・フランス国立図書館技術室長）
講演1：国文学研究資料館の資料調査・収集の現況
　　　　松野陽一（国文学研究資料館文献資料部長）
講演2：山梨県公共図書館協会の雑誌保存について
　　　　一瀬正司（山梨県立図書館副主幹館外奉仕担当）
講演3：大学図書館における保存と協力―東京西地区大学図書館相互協力連絡会の活動を中心に
　　　　大橋渉（一橋大学附属図書館参考室）
講演4：専門図書館の資料保存をめぐる動向
　　　　藤井昭子（長銀総合研究所総務部情報センター室副主任研究員）
講演5：日本図書館協会資料保存委員会の組織と活動
　　　　原田淳夫（日本図書館協会資料保存委員会委員・神奈川県立図書館資料部図書課）
講演6：関西館構想における保存プログラム
　　　　亀田邦子（国立国会図書館総務部企画課長）
特別寄稿1：文化財保護のための研修活動
　　　　増田勝彦（東京国立文化財研究所修復技術部第2修復技術研究室長）
特別寄稿2：堺市立図書館資料保存計画（案）
　　　　堺市立図書館資料保存検討委員会

4 『資料保存とメディアの変換―マイクロフォーム化を中心に』162p.（1994）

基調講演：保存方法としてのマイクロフィルム化
　　　　　ヴァレリー・フェリス（英国図書館全国資料保存対策室長）
講演1：資料保存と資料のマイクロ化
　　　　　山本信男（早稲田大学図書館調査役）
講演2：東京都立中央図書館における資料保存対策の現状について
　　　　　中多泰子（東京都立中央図書館資料部収集課長）
講演3：文書館における資料保存とマイクロフィルム
　　　　　田中康雄（群馬県立文書館副館長）
講演4：マイクロ写真入門
　　　　　嶋崎幸太郎（㈳日本マイクロ写真協会理事）
講演5：国文学研究資料館における原文献資料システム―マイクロフィルムから光ディスクへの変換
　　　　　安永尚志（国文学研究資料館情報処理室長・教授）
講演6：メディアの複写・変換・保存の意味
　　　　　上田修一（慶應義塾大学文学部教授）

付属資料1：日本工業規格改正案
付属資料2：国立国会図書館における資料保存とマイクロ化計画
付属資料3：国立国会図書館マイクロ化計画
付属資料4：展示案内


5 『図書館資料の共同保存をめぐって―現状と展望』131p.（1995）

基調講演：CRLの国際的共同保存プログラム
　　　　　ドナルド・B・シンプソン（CRL会長）
講演1：国立大学図書館協議会：保存図書館に関する調査研究と保存図書館構想
　　　　　松浦正（大阪大学附属図書館事務部長）
講演2：法政大学産業情報センターにおけるデポジットライブラリーの機能と役割
　　　　　菅野俊一（法政大学産業情報センター主事補）
講演3：立教大学図書館新座保存書庫―単独保存書庫の運用を経験して
　　　　　小関昌男（立教大学図書館副館長）
講演4：滋賀県立図書館における資料保存センター機能について

　　　　　　北市和彦（滋賀県立図書館主査）
講演5：国立国会図書館関西館（仮称）構想と共同保存利用について
　　　　　　内海啓也（国立国会図書館総務部企画課課長補佐）
講演6：図書館資料の共同保存に向けて
　　　　　　冨江伸治（筑波大学教授）

付属資料　外国雑誌センター館の概況
付属資料　分野別分担収集・保存を行っている機関
付属資料　内外の主要な保存図書館施設


6 『コンサベーションの現在―資料保存修復技術をいかに活用するか』115p.
　(1996)

特別講演：ロシアにおける保存修復とその歴史―資料保存修復研究センター，過去・現在・未来
　　　　　　オルガ・I.ペルミノワ（ロシア国立図書館資料保存修復研究センター長）
講演1：紙資料の保存修復技術―何を選び，どう適用するか
　　　　　　木部徹（有限会社キャット代表取締役）
事例報告1：被災資料の救済―真空凍結乾燥法利用の実際から
　　　　　　伊藤然（草加市役所総務部市史編さん室主事）
事例報告2：蘭書コレクションの状態調査と段階的保存
　　　　　　久芳正和（国立国会図書館収集部資料保存課）
講演2：資料保存における従来の技術を再考する
　　　　　　増田勝彦（東京国立文化財研究所修復技術部長）


7 『保存環境を整える―厳しい気候・各種災害から資料をいかに守るか』187p.
　(1997)

基調講演：全国的・国際的保存情報ネットワーク構築における災害対策計画の役割
　　　　　　ジャン・ライアル（オーストラリア国立図書館全国資料保存対策室長）
講演1：災害から文書を守る―インドの図書館の挑戦
　　　　　　D.N.バネルジー（インド国立図書館長）
講演2：韓国国立図書館における資料保存の現状と計画
　　　　　　李秀恩（韓国国立図書館閲覧奉仕課）

講演3：中国国家図書館における環境条件のコントロールと災害に対する備え
　　　　　辛軍（中国国家図書館保存担当官）
講演4：ベトナム国立公文書館における保存の現状と課題
　　　　　グエン・ティ・タム（ベトナム国立公文書館中央業務管理課課長補佐）
講演5：モンゴルの経典の特性とその保存
　　　　　ガンジャブ・ガンスフ（モンゴル国立中央図書館貴重書展示担当官）
講演6：日本における書庫の保存環境と防災
　　　　　見城敏子（東京国立文化財研究所名誉研究員）


8 『紙！未来に遺す』84p.（1998）

講演1：パーマネントペーパー――問題点と将来性
　　　　　ロルフ・ダーロ（ノルウェー王立図書館サービス研究所副所長・ISO/TC46/SC10委員長）
講演2：和紙のすばらしさとは
　　　　　久米康生（和紙研究家）
講演3：和紙の科学
　　　　　稲葉政満（東京芸術大学大学院助教授）
講演4：日本の洋紙――印刷用紙を中心に
　　　　　坂口葵（王子製紙㈱洋紙営業本部技術サービス部部長）

付属資料　パーマネントペーパー（耐久用紙）――文献遺産の保存のために

9 『電子情報の保存―今われわれが考えるべきこと』91p.（1999）

基調講演：オーストラリアにおける電子情報の保存―今何を考えているか
　　　　　コリン・ウェッブ（オーストラリア国立図書館情報保存管理監）
講演1：電子的メディアの学術情報の保存
　　　　　大山敬三（学術情報センター教授）
講演2：国立大学図書館における電子図書館と資料保存問題
　　　　　森茜（図書館情報大学事務局長）
講演3：電子情報の収集・利用・保存
　　　　　前田完治（日本書籍出版協会副理事長）
講演4：電子情報の保存―その現状と課題

　　　　　　上田修一（慶應義塾大学文学部教授）
報告　国立国会図書館電子図書館推進委員会からの報告
　　　　　　中島薫（国立国会図書館総務部関西館準備室主査）


10『アジアをつなぐネットワーク―保存協力のこれから』104p．（2000）

基調講演：国際センターから見た保存協力活動―地域センターに期待すること
　　　　　　マリー＝テレーズ・バーラモフ（IFLA/PAC 国際センター長・フランス国立図書館）
講演1：文化協力のススメ―アジアの蔵書を保存するために
　　　　　　安江明夫（国立国会図書館逐次刊行物部長）
講演2：ひとり一人が築く世界の資料保存ネットワーク
　　　　　　坂本勇（東京修復保存センター代表）
講演3：国際的な保存プロジェクトの課題―インドネシアの事例から
　　　　　　アラン・ファインスタイン（国際交流基金アジアセンター専門調査員）
講演4：国立国会図書館の『保存協力プログラム』と今後の展望― IFLA/PAC アジア地域センターの活動を中心に
　　　　　　米村隆二（国立国会図書館資料保存対策室長）

附属資料　IFLA/PAC アジア地域センターのこれまでの活動

# 第10章　関連機関 (2003年1月現在)

## ○図書館

### 国立国会図書館　収集部　資料保存課
National Diet Library Acquisitions Department Preservation Division
〒100-8924　東京都千代田区永田町1－10－1
Tel：03-3581-2331
<http://www.ndl.go.jp/jp/aboutus/data_preservation.html>

### 国立大学図書館協議会
Association of National University Libraries
事務局：〒113-0033　東京都文京区本郷7－3－1　東京大学附属図書館内
Tel：03-5841-2612
<http://wwwsoc.nii.ac.jp/anul/index.html>

### 社団法人　日本図書館協会　資料保存委員会
Japan Library Association Committee on Preservation and Conservation
〒104-0033　東京都中央区新川1－11－14
Tel：03-3523-0812　Fax：03-3523-0842
<http://www.jla.or.jp/hozon/index.htm>
刊行物：『ネットワーク資料保存』（年4回刊）

## ○文書館

### 国文学研究資料館史料館
National Institute of Japanese Literature Department of Historical Documents
〒142-8585　東京都品川区豊町1－16－10
Tel：03-3785-7131　Fax：03-3785-4456
<http://history.nijl.ac.jp/dhdidx-j.htm>

第10章　関連機関　　*145*

独立行政法人　国立公文書館
　National Archives of Japan
　〒102-0091　東京都千代田区北の丸公園3－2
　Tel：03-3214-0621　Fax：03-3212-8806
　＜http：//www.archives.go.jp＞
　刊行物：『アーカイブズ』

全国歴史資料保存利用機関連絡協議会
　Japan Society of Archives Institutions
　事務局：〒105-0022　東京都港区海岸1－13－17　東京都公文書館内
　Tel：03-5470-1333
　＜http：//wwwsoc.nii.ac.jp/jsai2/＞
　刊行物：『記録と史料』（年1回刊），『アーキビスト』（関東部会会報　年3回刊）

○研究所，学会など

財団法人　元興寺文化財研究所
　Gangoji Institute for Research of Cultural Property
　〒630-8392　奈良県奈良市中院町11
　Tel：0742-23-1376　Fax：0742-27-1179
　保存科学センター
　〒630-0257　奈良県生駒市元町2－14－8
　Tel：0743-74-6419　Fax：0743-73-0125
　刊行物：『元興寺文化財研究』（季刊）

独立行政法人　文化財研究所　東京文化財研究所
　National Research Institute for Cultural Properties, Tokyo
　〒110-8713　東京都台東区上野公園13－43
　Tel：03-3823-2434
　＜http：//www.tobunken.go.jp＞
　刊行物：『保存科学』（年1回刊）

財団法人　文化財虫害研究所
　Japan Institute of Insect Damage to Cultural Properties
　〒160-0022　東京都新宿区新宿2－1－8　日伸第4ビル6階

Tel：03-3355-8355　Fax：03-3355-8356
刊行物：『文化財の虫菌害』

### 文化財保存修復学会
The Japan Society for the Conservation of Cultural Property
事務局：〒154-8533　東京都世田谷区太子堂1－7　昭和女子大学　光葉博物館内
Tel：03-5432-0620　Fax：03-5432-0622
<http://www1.ocn.ne.jp/~jsccp/index-j.html>
刊行物：『文化財保存修復学会誌』（年1回刊）

### 和紙文化研究会
Society for Study of Washi Culture
連絡先：〒110-8714　東京都台東区上野公園12－8
　　　　東京芸術大学大学院美術研究科　保存科学研究室内
Tel：03-5685-7656
刊行物：『和紙文化研究』（年1回刊）

## ○写真，フィルム媒体，磁気媒体，電子媒体など

### デジタルアーカイブ推進協議会
Japan Digital Archives Association
事務局：〒102-0094　東京都千代田区紀尾井町3－6
　　　　秀和紀尾井町パークビル8階　㈶デジタルコンテンツ協会内
Tel：03-3512-3906　Fax：03-3512-3908
<http://www.jdaa.gr.jp>
刊行物：『デジタルアーカイブ』（季刊）

### 東京国立近代美術館フィルムセンター
National Film Center, The National Museum of Modern Art, Tokyo
〒104-0031　東京都中央区京橋3－7－6
Tel：03-3561-0823　Fax：03-3561-0830
<http://www.momat.go.jp>
刊行物：『NFCニューズレター』（隔月刊）

東京都写真美術館
Tokyo Metropolitan Museum for Photography
〒153-0062　東京都目黒区三田1-13-3
Tel：03-3280-0099　Fax：03-3280-0033
<http：//www.tokyo-photo-museum.or.jp>

社団法人　日本画像情報マネジメント協会
Japan Image and Information Management Association
〒101-0044　東京都千代田区鍛冶町1-9-15　第2大河内ビル
Tel：03-3254-4671　Fax：03-3256-7038
<http：//www.jiima.or.jp>
刊行物：『月刊IM』（月刊）
旧日本マイクロ写真協会。

社団法人　日本記録メディア工業会
Japan Recording-media Industries Association
〒105-0001　東京都港区虎ノ門2-9-8　あまかすビル5階
Tel：03-3501-0631　Fax：03-3501-0630
<http：//www.jria.org>

社団法人　日本写真学会
Society of Photographic Science and Technology of Japan
事務局：〒164-8678　東京都中野区本町2-9-5　東京工芸大学内
Tel：03-3373-0724　Fax：03-3299-5887
<http：//wwwsoc.nii.ac.jp/spstj2/index.html>
刊行物：『日本写真学会誌』（隔月刊）
写真などの画像記録物の保存は「画像保存研究会」が中心に取組んでいる。

○その他

文化庁
Agency for Cultural Affairs
〒100-8959　東京都千代田区霞ヶ関3-2-2
Tel：03-5253-4111
<http：//www.bunka.go.jp>

**財団法人　日本規格協会**
Japanese Standards Association
〒107-8440　東京都港区赤坂4−1−24
Tel：03-3583-8005　Fax：03-3586-2014
<http://www.jsa.or.jp>

# 索引

## 【A-Z】

ANSI IT9.2　92, 122
ANSI Z39.48　117
CD-ROM　110
CLIR (Council on Library and Information Resources)　17
conservation　20
EROMM (European Register of Microfilm Masters)　114
HEPAフィルター　59, 61
HVACシステム　67
ICA (International Council on Archives)　17
IFLA (International Federation of Library Associations and Institutions)　17
IFLA-PAC (IFLA Core Activity for Preservation and Conservation)　17
IPI (Image Permanence Institute, Rochester Institute of Technology)　98
IPIセルロースアセテート・ベースフィルムの保管ガイド　98
IPM (Integrated Pest Management)　64
ISO 5466　122
ISO 9706　117
JICPA (Joint IFLA-ICA Committee for Preservation in Africa)　32
LPレコード　102
Lスリーブ　94
MARC (Machine Readable Cataloging)　119
OCR　123
PAT (Photo Activity Test)　92, 122
preservation　20
PVC（ポリ塩化ビニル）　93, 102, 103

## 【あ】

青焼き　88
アフリカ地域における資料保存に関するIFLA・ICA共同委員会　32
アルカリ化　84
アルカリ緩衝剤　70, 81, 84, 88
アルバム（写真～）　95
安全フィルム　97
アンブロタイプ　95
一枚もの資料　85
一枚もの資料（大型）　87
薄葉紙　88, 95
映画フィルム　96, 100
閲覧室
　　―での留意事項　71
　　―の温度　51
　　―の照度　55, 56
　　―のセキュリティ　34
エフェメラ (ephemera)　85
エンキャプシュレーション　70, 86

欧州マイクロ資料マスタ登録簿　114
大型資料（一枚もの）　87
オゾン　40，53，76，100
オーディオディスク　102
オーディオテープ　104
オープンリールテープ　104
温湿度記録計　51
音声資料　102
温度　48

【か】

害虫　62
書き込み（資料への〜）　69
火災報知設備　39
可視光線　54，56
加湿器　66
ガス状汚染物質　53
カセット［テープ］　104
画像材料（写真）　92
画像資料　102
カビ　57
カビ（活性〜）　57
カビ（不活性〜）　57
紙［媒体］資料　→　伝統的な図書館
　　資料　を見よ
カラーコピー　117
ガラスプレートネガ　95
加硫ゴム　53
革製本　49，71，78
環境管理　→　保存環境　を見よ
環境の改善　65
協力　31
銀-ゼラチンフィルム　120，122
空気乾燥　44
クォーツハロゲン灯　55

クリーニング（カビ）　58
クリーニング（磁気媒体）　106
クリーニング（光媒体）　111
燻蒸　63
蛍光灯　56
結露　50，52，53，61，63
光学式文字認識　123
ゴキブリ　62
国際図書館連盟　17
国際図書館連盟　資料保存コア・プロ
　　グラム　17
国際文書館評議会　17
コピー　75，115
コピー機　→　複写機　を見よ
コピー用紙　117
コンサベーション　20

【さ】

財政　30
酢酸セルロース　→　セルロースアセ
　　テート　を見よ
差込み　70
雑誌（保存容器に入れる）　84
ジアゾフィルム　121，122
シェラックディスク　102
シート［状］フィルム　100
紫外線　54，56
紫外線除去フィルター　56
自記温湿計　51
磁気［記録］媒体　104，124
磁気テープ　104
支持体（写真）　91
支持台（展示用）　26，89
支持台（閲覧用）　72
視聴覚資料　→　音声・画像資料　を見

**よ**

湿度 48
シバンムシ 62
シミ（紙魚） 62
湿り空気線図 46
写真 91
写真活性度試験 92, 122
写真プリント 94
収縮包装 83
修復保存 20
消火器 40
消火設備（自動消火システム） 40
消火設備（手動式消火装置） 39
硝酸セルロース → セルロースナイトレート を見よ
照度 56
書架 66, 67, 77
書架番号 69
書簡 86
書見台 71
書庫
　―の温度 51, 53
　―の照度 55, 56, 57
　―の清掃 67
　―のセキュリティ 34
除湿器 66
シリカゲル 58
資料盗難防止システム 35
シロアリ 62
真空パック 83
新聞 57, 84
スクラップブック 85
煤 54
スプリンクラー 39
スプリンクラー（乾式～） 40

スプリンクラー（湿式～） 40
スリップ・ケース 82
スリーブ 94, 95, 100, 103
請求記号 69
清掃 67
赤外線 54
セキュリティ 33, 89, 114
設計図 87
絶対湿度 46
接着剤 49, 50, 53, 54, 57, 70
接着テープ 71, 92, 106
ゼムクリップ 70, 71, 92, 106
ゼラチン［バインダー］ 92, 98, 100
セルロースアセテート・ベースフィルム 97, 98
セルロースナイトレート・ベースフィルム 53, 96
洗浄剤 68
総合的害虫管理 64
掃除機 59, 60
蔵書印 35
蔵書票 70
相対湿度 46, 48

**【た】**

大気汚染 53
耐久用紙 → パーマネントペーパー を見よ
タイトバック 72
ダゲレオタイプ 95
脱酸性化 84
段階的アプローチ 36
タングステンハロゲン灯 55
地域的な気候条件 52
地図 87

チャタテムシ　62
調査（施設と蔵書の～）　27
直射日光の防止　66
塵　54
陳腐化（ハードウェアの～）　124
低温処理　63
低温保管　99
デジタル化　119，123
データ移行　124
展示　26，57，89
電子式複写　75，115
伝統的な図書館資料　69
凍結乾燥　58
読書角度　72
図書　→　伝統的な図書館資料　を見よ
図書館情報資源振興財団　17
図書の各部分名称　74
トナー　117
留め具　70
トラップ　64
取り扱い　→　閲覧室での留意事項　も見よ
取り扱い（オーディオディスク）　103
取り扱い（磁気媒体）　105
取り扱い（写真）　92
取り扱い（図書・紙媒体）　76
取り扱い（光媒体）　111
取り扱い（フィルム媒体）　98

【な】

ナトリウム灯　64
二酸化炭素ガス消火設備　40
乳剤［層］　91，121
ネオプレン　98
ネガフィルム　95
ネズミ　62

【は】

排架　77
排気ガス　53
媒体変換　30，107，113
バインダー　91，105
白熱灯　55
パーチメント　49，52，76
バックアップ　107
発泡プラスチック　80
発泡ポリスチレン　80
パーマネントペーパー　31，70，116
　―の規格　117
ハロゲン灯　55
ハロンガス消火設備　40
搬送　80，88，90
パンフレット（保存容器に入れる）　84
光　54
光ディスク　→　光媒体　を見よ
光［学的記録］媒体　109，124
被災資料　42，44
非常時　35
非常時対応チーム　42
ビデオカセット　104
ビニルディスク　102
ビネガーシンドローム　97
評価（危険度～）　37
評価・検討　26
ピン　71，92
ファシクル（fascicule）　86
フィルム媒体　96
フェイズ・ボックス　82
フォルダー・ボックス（～の取り扱い）

索引　153

86, 95
複写機　75, 117
複写機（上向き～）　117
複写機（フラットベッドタイプ）　117
複写制限　76
複写頻度　75
複本　25
ブックエンド　78, 80
ブック・サポート・システム　72
ブック・シュー　79, 82
ブックトラック　80
プリザベーション　20
ブレミッシュ　118
フロッピーディスク　104
ペシキュラフィルム　121, 122
ベラム　49, 57, 76, 83, 86
包材（写真）　92
包材（フィルム媒体）　100
包材（マイクロフィルム）　122
防災計画　35
防水（建物の～）　61, 66
飽和　46
保管環境　28
　→　保存環境　も見よ
保管環境（オーディオディスク）　104
保管環境（磁気媒体）　109
保管環境（写真）　93
保管環境（光媒体）　112
保管環境（フィルム媒体）　98
保管環境（マイクロフィルム）　121
保管場所　77, 93
　→　書庫　も見よ
保管（オーディオディスク）　103
保管（図書・紙媒体）　76
保管（磁気媒体）　108

保管（写真）　94
保管（光媒体）　111
保管（フィルム媒体）　100
埃　54
ポスター　87
保存環境　46
　→　保管環境　も見よ
保存対策　20
保存ニーズ　24, 25, 27, 29
保存方針　24, 25, 26, 27
保存容器　66
保存容器（写真・フィルム・マイクロフィルム）　→　包材　を見よ
保存容器（図書・紙媒体）　81
ホッチキス　70, 71, 92
ポリエステル・ベースフィルム　97
ポリ塩化ビニル　93, 102, 103
ホローバック　72

【ま】

マイグレーション　108
マイクログルーブレコード　102
マイクロフィルム　96, 120
マイクロ［フィルム］化　118
マスタテープ　107
マスタネガフィルム　120, 122
水に濡れた資料　43
水噴霧消火設備　41
無線綴じ　76
メチルセルロース　70
持ち運び　80, 88

【や】

有害小動物　62
予防的保存対策　20

## 【ら】

ラッパー　83
ラベル　69，106，111
リグニン　70，81，84，88，93
粒子状汚染物質　54
利用　→　取り扱い　を見よ
利用者への注意事項　72
ルクス　55，56
冷蔵保管庫　94
冷暖房空調システム　67

冷凍保管　99
レーザーディスク　109
劣化速度と温度の関係　49
朗読台　71
ロチェスター画像保存研究所　98
露点　48
ロールフィルム　100

## 【わ】

輪ゴム　71，92，99
わな　64

**翻訳者等**

　監修
　　木部徹[*1]
　翻訳
　　高橋清美，竹内秀樹，松葉真美，松本郁子，村上直子，村本聡子
　書誌
　　太田かおる，岡田悟，小林直子，村山隆雄
　関係機関
　　根岸輝美子
　索引
　　荒井敏行[*2]，村上直子，村本聡子
　　　　（*1 有限会社資料保存器材，*2 東京都国立市公民館，印なし 国立国会図書館）

# 編集企画

　日本図書館協会資料保存委員会

# 翻訳にあたり追加した図

　ブック・サポート・システム
　図書の各部分名称
　磁気テープの構造
　CD-ROM の構造
　マイクロフィルムの構造

●シリーズ・本を残す⑨
IFLA 図書館資料の予防的保存対策の原則

2003年7月20日　初版第1刷発行

**定価**■本体1900円（税別）
**編者**■エドワード・P．アドコック編集
　　　マリー＝テレーズ・バーラモフ，ヴィルジニー・クレンプ編集協力
**訳者**■国立国会図書館
**監修者**■木部　徹
**編集企画**■日本図書館協会資料保存委員会
**発行者**■社団法人　日本図書館協会
　　　〒104-0033　東京都中央区新川1-11-14
　　　Tel 03-3523-0811　Fax 03-3523-0841

JLA200318　Printed in Japan　　　　　　　　　　　印刷：㈱ワープ
本文の用紙は中性紙を使用しています。
ISBN4-8204-0310-9